一字千金

廉希聖憶香港基本法起草

廉希聖 口述

梁美芬 總策劃

劉林波　王柳 整理

香港基本法教育協會
Hong Kong Basic Law Education Association

責任編輯		蘇健偉
書籍設計		a_kun
書籍排版		何秋雲

書　　名		一字千金 —— 廉希聖憶香港基本法起草
口　　述		廉希聖
總 策 劃		梁美芬
整　　理		劉林波　王　柳
合作出版		香港基本法教育協會
出　　版		三聯書店（香港）有限公司
		香港北角英皇道 499 號北角工業大廈 20 樓
		Joint Publishing (H.K.) Co., Ltd.
		20/F., North Point Industrial Building,
		499 King's Road, North Point, Hong Kong
香港發行		香港聯合書刊物流有限公司
		香港新界荃灣德士古道 220-248 號 16 樓
印　　刷		美雅印刷製本有限公司
		香港九龍觀塘榮業街 6 號 4 樓 A 室
版　　次		2023 年 12 月香港第一版第一次印刷
規　　格		大 32 開（140 mm × 210 mm）296 面
國際書號		ISBN 978-962-04-5315-1

序一

廉希聖教授（私下我尊稱他為 "廉老"）是我國憲法歷史的見證者，參與過我國 "八二憲法" 的起草和兩次修訂工作，他還全程參加了香港基本法和澳門基本法的起草工作。我和廉老相識很早，大概上世紀 90 年代我在北京跟隨恩師許崇德教授研習憲法的時候就認識了。當時就感受到廉老深厚的法律理論素養，後來畢業回香港後，還經常與廉老聯繫，請教、探討一些關於憲法、基本法的理論和實踐問題。可以說，我和廉老交情甚篤，我也一直期待廉老能系統地講一講香港基本法起草過程中的一些焦點爭論和有趣的故事。

廉老先生要口述記錄香港基本法起草過程、出一本書的這個想法是在 2018 年底。當時我剛剛被委任為全國人大常委會香港基本法委員會委員，見到廉老接受內地報刊《南方週末》記者的採訪時曾說，希望 2019 年出一本口述史類的書，記錄香港基本法起草過程的一些情況。[1] 2019 年年初，我到北京參加完會議拜訪廉老時，他再跟我提起這件事，我覺得這是一件對"一國兩制"和基本法研究都有利的好事情，看到廉老一疊疊的手稿，立即答應廉老幫忙物色寫作人選、聯繫出版社等事宜。後來，我又拜訪廉老，同廉老確定了這本基本法起草口述史書籍的寫作框架和提綱。遺憾的是，2019 年香港爆發"修例風波"，由於我當時擔任香港特別行政區立法會議員，對這一事件的關注和應對分散了我大量的時間和精力，協助廉老出版基本法口述史的計劃便耽擱下來。

2020 年 5 月 28 日，全國人大高票通過《全國人民代表大會關於建立健全香港特別行政區維護國家安全的法律制度和執行機制的決定》（簡稱"5·28 決定"）。6 月 30 日，全國人大常委會根據"5·28 決定"的授權，制定通過了《中華人民共和國香港特別行政區維護國家安全法》（簡稱《香港國安法》）。"一法可安香江"，《香港國安法》實施後，香港逐步實現了由亂轉治的重大轉折。2021 年 3 月 11 日，全國人大通過《全國人民代

1　可參見譚暢：《憲法學家廉希聖：為了基本法起草史不被湮沒》，《南方週末》2018 年 12 月 27 日。

表大會關於完善香港特別行政區選舉制度的決定》（簡稱"3·11決定"）。3月30日，全國人大常委會根據"3·11決定"的授權，修訂了香港基本法附件一、附件二。根據新選制，香港順利進行了選委會選舉、立法會選舉、行政長官選舉，為香港開啟由治及興新篇章提供了重要保障。

　　無論是出台《香港國安法》，還是完善新選制，均符合我們國家實施"一國兩制"的初心，即維護國家的統一和領土完整、保持香港的繁榮和穩定。此刻，我更覺記錄廉老口述基本法起草過程的重大歷史價值，鄭重地拿起手邊《一字千金──廉希聖憶香港基本法起草》一書的初稿。這個初稿是在廉老口述並提供相關材料的基礎上，由北京市社會科學院國際問題研究所劉林波博士（第一、二、四、六、七章及附錄）、西南政法大學行政法學院（紀檢監察學院）王柳博士（第三、五章）分工整理、撰寫的，清華大學法學碩士沙衛鵬在資料整理等方面也進行了協助，感謝他們努力地完成了這項工作。閱讀完初稿後，我很激動，激動的是廉老的心願終於要達成了；又感覺責任重大，下定決心要把本書出版好。我作為總統籌，先後將書稿拿給香港基本法起草委員會委員譚耀宗先生及譚惠珠女士參閱，他們亦答應為本書寫序。另外，除了自己多次審閱書稿及親自作出修改之外，亦邀請了香港基本法教育協會顧敏康教授、傅健慈教授及吳英鵬大律師參與審閱。書稿總有改不完的地方，經歷四年的來回審訂修改，終於付印，不足之處，還請見諒。

今年是香港回歸祖國 26 週年，也是《香港基本法》實施 26 週年、"一國兩制" 在香港成功實踐 26 週年，此時出版《一字千金 —— 廉希聖憶香港基本法起草》這本書不只有紀念意義，且有很多珍貴的歷史記錄。閱讀完書稿的初稿後，我跟廉老進行了電話溝通，訂正了書稿中的一些細節問題。廉老雖然已經九十多歲高齡，仍親自審定了本書書稿的內容，我十分欽佩他這種認真負責的態度。

2022 年 7 月 1 日，國家主席習近平在香港回歸 25 週年及第六屆特區政府就職典職上的重要講話肯定了 "一國兩制" 是好制度："'一國兩制' 是經過實踐反覆檢驗了的，符合國家、民族根本利益，符合香港、澳門根本利益，得到十四億多祖國人民鼎力支持，得到香港、澳門居民一致擁護，也得到國際社會普遍贊同。這樣的好制度，沒有任何理由改變，必須長期堅持！" 當中，習主席提了 "四個必須"，包括：必須全面準確貫徹

"一國兩制"方針；必須堅持中央全面管治權和保障特別行政區高度自治權相統一；必須落實"愛國者治港"；必須保持香港的獨特地位和優勢。也提了"四點希望"，包括：著力提高治理水平；不斷增強發展動能；切實排解民生憂難；共同維護和諧穩定。習主席的重要講話為香港指引了航向。這是"一國兩制"實踐 25 年的總結，亦是承先啟後的綱領。理解了其中的精神，再讀廉老關於基本法起草過程的口述文字，更能體觀當年的草委確實為人類和平制定了一部有前瞻性、歷史性及創造性的偉大法律文獻。

謹以此書的出版向廉老致敬，向當年所有為香港基本法起草付出心血和努力的人致敬！

梁美芬

全國人大常委會香港基本法委員會委員

香港基本法教育協會主席

香港城市大學法律學院教授

2023 年 12 月 5 日

序二

　　1997 年 7 月 1 日，香港回歸祖國的懷抱，中華人民共和國對香港恢復行使主權。在"一國兩制"的政策下，國家按照憲法第 31 條制定《香港特別行政區基本法》，將"一國兩制"的政策以法律規定下來。全國人民代表大會通過《香港特別行政區基本法》，授權香港實行"港人治港"，高度自治，保持資本主義制度五十年不變。由 1985 年 7 月 1 日到 1990 年 4 月，國家設立香港基本法起草委員會，經過認真調研、法律研究、公眾諮詢、詳細論證和細心草擬後，寫成了共有 160 個條文的香港基本法，並在 1990 年 4 月 4 日由全國人民代表大會通過，1997 年 7 月 1 日起施行。

　　香港基本法起草委員共 59 人，其中 23 人是香港的專業人士或社會各界領導人物；36 名內地委員是官員、

專家、學者或各領域的權威人士。支持起草委員會工作
的尚有多位工作人員組成的秘書處，他們對起草委員的
工作有很大的支持。

廉希聖教授當年是秘書處主力工作人員之一，我是
一名香港的起草委員，我們認識已有 37 年之久，並一起
參與了香港特別行政區預備工作委員會、籌備工作委員
會的工作，直到 1997 年 7 月 1 日香港回歸。回歸後我們
少了見面，但廉教授仍經常來港參與基本法的推廣和研
討的論壇，並擔任到法庭作證的專家證人。最難得是故
人來，我們每次相聚都有說不完的回憶和展望。

本書中，廉教授把他在基本法起草時期所見、所
聽、所記錄的事跡向讀者們以第一人稱加以講述，因而
這是一份內容真實而且相當詳細的歷史素材，可以讓大
家明白起草基本法的過程和一些條文是如何在眾多考慮
下煉成的。其中對憲法在香港特區適用的問題（憲法第
31 條、基本法第 11 條）、剩餘權力和額外授權的關係
（基本法第 20 條）、全國性法律的適用問題（基本法第
18 條及附件三）、防務和駐軍問題（基本法第 14 條及附
件三）、政治體制的設計問題（基本法第四章）、基本法
的解釋權（基本法第 158 條）和修改權問題（基本法第
159 條）、財政收支的平衡問題（基本法第 107 條）、原

有法律的採納問題（基本法第 8 條及第 160 條）等條文的討論過程、反覆考量和最後定稿，都有生動的描述。

廉教授的心意，是讓研究基本法的朋友有一本好的工具書，以方便各位朋友的工作。在此我對廉教授的努力和心意致謝亦致敬！

譚惠珠

第五任全國人大常委會香港基本法委員會副主任

2022 年 7 月

序 三

基本法的珍貴記錄

　　廉希聖教授的這本《一字千金》向我們呈現了香港
基本法起草過程的珍貴歷史畫卷。基本法的誕生，不僅
是一部法律史，更是一部令人難忘的香港的歷史、"一
國兩制"的發展史，其中每一條條文的背後都體現出中
央政府對落實"一國兩制"方針以及推動香港社會長遠
發展的深思熟慮。本書中有關起草基本法的細節，生動
體現了中國共產黨人在國際形勢紛繁複雜的背景下，以
保障香港市民福祉和香港社會繁榮穩定為主要目的，審
時度勢，在考慮和協調多方利益之後最終形成基本法
的艱難歷程。我希望每位讀者能認真閱讀並領會其中的
精神！

　　"一國兩制"是中國共產黨人的偉大創舉，體現出中國共產黨人強大的理論自信和制度自信。而基本法用法律的形式保障了"一國兩制"的行穩致遠。回顧基本法的起草過程，在那個剛剛改革開放的年代，在國家人力、物力以及財力都嚴重匱乏的情況下，國家仍然投入大量的精力來研究和制定基本法。在這個過程中，國家廣泛徵求香港各界的意見，親自到香港了解實際情況，這足以證明中央政府對於推動"一國兩制"的決心以及對香港同胞的關愛。今天，"一國兩制"在香港的實施走過了快 26 個春秋，其中我們也曾經歷風雨，遇到挫折，究其原因，除了國際上的反華勢力對中國崛起的打壓外，更重要的是我們對基本法的立法原意理解得不夠深刻。其實，在基本法的起草過程中，一些非常關鍵的問題，比如憲法和基本法的關係、《中英聯合聲明》是否仍具有效力、如何處理兩種制度之間的差異等，都已經討論得非常深刻、解釋得非常清楚。本書對此有詳細描述，這亦是本書的亮點之處。希望香港社會能有更多的人認真研讀本書，深刻理解基本法的立法原意，這樣才能保障"一國兩制"實踐不變形、不走樣，才能更加全面準確地貫徹"一國兩制"方針！

　　2022 年中國共產黨第二十次全國代表大會的順利召

開，標誌著實現中華民族偉大復興已經進入不可逆轉的歷史進程，而推進"一國兩制"的行穩致遠是這一歷史進程的重要組成部分。2022 年 7 月 1 日，習近平主席在慶祝香港回歸祖國 25 週年大會上的講話中所提到的"四個必須"以及"四點希望"，為"一國兩制"的發展指明了方向。希望香港各界不斷激發和凝聚建設香港、貢獻國家的強大正能量，共同書寫香港新時代的偉大篇章。

最後，作為有幸參與香港基本法起草工作的草委會成員，能夠經歷這樣一個歷史時刻將成為我人生中難忘的經歷。非常感謝廉教授以及當時香港基本法起草委員會秘書處成員的辛苦工作，正是他們的辛勤付出，推動了香港基本法的問世，為"一國兩制"事業的發展打下了堅實的基礎。不忘來時路，方知向何行。希望本書的出版能讓更多人了解基本法的起草史，從歷史中學習經驗、汲取智慧，從而推動更多市民共同擁護"一國兩制"的在港實施，共同維護香港社會的繁榮穩定，為中華民族偉大復興貢獻力量！

譚耀宗

第十三屆全國人大常委會委員

2023 年 2 月 8 日

目 錄

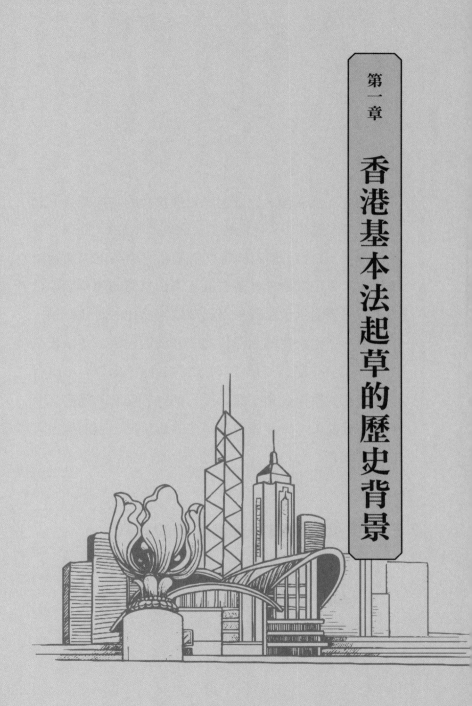

第一章

香港基本法起草的歷史背景

制定一部法律，總會因應這樣那樣的時代背景。起草《中華人民共和國香港特別行政區基本法》（簡稱"香港基本法"）的一個大的時代背景是，中英兩國通過談判解決了香港問題。在談香港基本法具體的起草過程之前，有必要先大致交代一下起草這部法律的時代背景，這樣對於這部法律的立法目的、立法過程中基本法起草委員會委員（簡稱"草委"）們的各種爭論等，可以有一種歷史的縱深視角，能秉持一種寬容理解的態度，而不是苛責前人。畢竟香港基本法的起草是一項前無古人的偉大事業。

一、中英兩國關於香港問題的談判

（一）香港問題的由來

1. 何謂"香港問題"

香港在何種意義上成為一個"問題"？一般而言，

我們所談論的"香港問題"，實際上是說作為歷史問題的"香港的前途問題"。關於"香港問題"作為歷史問題的性質，比如 1963 年 3 月 8 日《人民日報》發表的一篇社評文章《評美國共產黨聲明》就有相關表述，該文指出："香港、澳門這類問題，屬於歷史上遺留下來的帝國主義強加於中國的一系列不平等條約的問題"。關於"香港問題"作為"香港前途問題"的性質，比如 1982 年 9 月鄧小平和撒切爾夫人會談後的公報中是這樣表述的："兩國領導人在友好的氛圍中，就香港前途進行了深入會談。"

作為歷史問題的"香港問題"已經解決，自 1997 年 7 月 1 日起，香港重新納入我國國家治理體系中來，成為中華人民共和國不可分割的一部分。目前所說的香港問題，包括政制發展的問題、經濟的問題、民生的問題、就業的問題、住房的問題，等等，都是在香港治理過程中出現並需要解決的問題。這些均不涉及香港的性質和地位。

"香港問題"的解決，除了具有象徵意義的 1997 年 7 月 1 日政權交接儀式之外，最重要的時間節點還有兩個事件。這兩個事件解決了兩個關鍵問題。

第一個事件是從殖民地名單中刪除香港、澳門。

1972 年 3 月 8 日，中國常駐聯合國代表致函聯合國非殖民化特委會主席，重申中國政府對港澳問題的一貫立場，函件指出："香港和澳門是被英國和葡萄牙當局佔領的中國領土的一部分，解決香港、澳門問題完全是屬於中國主權範圍內的問題，根本不屬於通常所謂的'殖民地'範疇。因此，不應列於《反殖宣言》中適用的殖民地地區的名單之內。"聯合國非殖民化特委會於同年 6 月 15 日通過決議，向聯合國大會建議從殖民地名單中刪去香港和澳門的名字。11 月 8 日，第 27 屆聯合國大會以 99 票贊成、5 票反對（美國、英國、法國、葡萄牙、南非）的票數通過了決議，確認了中國對香港、澳門問題的立場與要求。聯合國的這個決議避免了聯合國非殖民化特委會列舉的殖民地名單會使香港"獲得獨立"的問題，為我國恢復對香港行使主權掃除了障礙。

另一個事件是《中英聯合聲明》的簽署。1984 年 12 月 19 日，經過 22 輪的艱苦談判，中英兩國簽署了《中英聯合聲明》。1985 年 5 月 27 日，兩國互換批准書，《中英聯合聲明》正式生效，同年 6 月 12 日中英兩國政府把《中英聯合聲明》向聯合國秘書處登記。在《中英聯合聲明》中，中華人民共和國中央人民政府聲明決定於 1997 年 7 月 1 日對香港恢復行使主權，而英國政府也聲明定於 1997 年 7 月 1 日將香港交還給中華人民共和國。這就順利解決了香港的前途問題，即回到祖國 —— 中華人民共和國的懷抱。

2. 三個不平等條約

香港被英國佔領，始於 1840 年開始的鴉片戰爭。1841 年 1 月 26 日，英軍在香港島登陸，並舉行了升旗儀式，宣佈佔領香港。1842 年 8 月 29 日，清政府同英國簽署了中國近代歷史上第一個不平等條約 ——《江寧條約》（即《南京條約》），該條約第 3 款規定，"准將香港一島給予大英國君主暨嗣後世襲主位者常遠據守主掌，任便立法治理。"

1856 年 10 月，英法兩國發動第二次鴉片戰爭，清政府的軍隊在這場戰爭中接連敗北，被迫於 1860 年 10 月 24 日簽署了喪權辱國的《中英續增條約》（即《北京條約》），該條約第 6 款規定，"前據本年 2 月 28 日大清兩廣總督勞崇光，將粵東九龍司地方一區，交與⋯⋯巴夏禮代國立批在案，茲大清大皇帝定即將該地界付與大英大君主並歷後嗣，並歸英屬香港界內，以期該港埠面管轄所及庶保無事。" 1861 年 1 月 19 日，英國正式接管了九龍，當天還舉行了接收儀式，升旗鳴炮，發佈布告稱，九龍半島即昂船洲已割讓給英國，經中英雙方交接告成,並劃定疆界,互相遵守。

1898 年 6 月 9 日,英國又以和法國勢力相平衡為藉口,強迫清政府簽訂了《展拓香港界址專條》。根據該"專條"以及第二年 3 月 19 日在香港簽訂的《香港英新租界合同》,大鵬灣和後海灣一綫,北至深圳河北岸的整個九龍半島,包括兩灣水域和附近島嶼,都劃入英界,"作為新租之地","以 99 年為限期"。"專條"自當年 7 月 1 日開始施行,即租期從 1898 年 7 月 1 日起算,1997 年 6 月 30 日到期。1898 年 10 月 20 日,英女王發佈敕令,將新租借地併入"香港殖民地"。從此,這塊新租借地被稱為"新界",即"新的領土"。

由此,通過三個不平等條約,包括香港島、九龍、新界在內的整個香港地區全部被英國所統治。

(二)中英關於香港問題的談判

1. 中英關於香港問題的立場

1950 年 1 月 6 日,英國率先承認中華人民共和國,成為第一個承認新中國的西方國家。英國之所以這麼做,倒不是出於好心,而是為了維護其在華特別是在香港的利益。雖然英國承認了中華人民共和國,但其堅持繼續管治香港的立場沒有變。1955 年 3 月 24 日,英國首相丘吉爾（Winston Leonard Spencer Churchill）宣佈："英政府決意維持其在香港的地位"。1960 年 5 月 23 日，英國元帥蒙哥馬利（Bernard Law Montgomery）來華訪問，在記者招待會上談到香港地位時說："香港地位不是可以討論的問題，香港是英帝國的一部分，與中國無關。" 1962 年 5 月 4 日，英國殖民地事務大臣莫德林（Magdalen）向聯合國提出："英國領土的政治前途，絕對應由英國單獨處理。" 1962 年，香港總督柏立基（Robert Brown Black）在對法新社記者談香港問題時表示："香港與中國不存在什麼問題，很公平，沒有什麼可以憂慮的。" 1973 年 5 月 1 日，英國婉言拒絕中國在香港設立官方代表辦事處的請求。

中國則一直堅持對香港享有主權。新中國成立後，中國政府一再聲明，香港是中國領土的一部分，中國政府不承認三個不平等條約，在條件成熟的時候，中國將恢復對香港地區行使主權。如 1955 年 12 月 27 日，周恩來會見來京的香港大學中外教授觀光團時指出，香港從來都是中國的地方，儘管現在由英國統治著。1957 年 4 月 28 日，周恩來在上海作了《關於香港問題的講話》，提出 "香港的主權總有一天我們是要收回的"。1972 年 10 月，周恩來在會見英國的劉易斯・海倫時指出：

"香港的未來一定要確定。租約屆滿時，中英雙方必須進行談判。現在兩國存在著正常的外交關係，英國自然應當在適當的時候參加談判。從中國拿走的領土必須歸還……" 1978 年，中央成立了國務院港澳事務辦公室，專門來負責港澳事務，由廖承志擔任主任。20 世紀 70 年代末、80 年代初，隨著 "新界" 租約 1997 年期滿的時間逐漸臨近，英國朝野人士紛紛到北京試探中國政府對 "九七" 後香港問題的態度，解決香港問題便擺上了中國決策者的工作日程。

2. 鄧小平與撒切爾夫人談判

1982 年 9 月，英國首相撒切爾夫人（Margaret Hilda Thatcher）訪華，她此行的主要目的是與中國政府商討香港問題。9 月 24 日，在人民大會堂福建廳，撒切爾與鄧小平進行會談，這次談話針鋒相對，中英就香港問題的正面較量就此開始。稍事寒暄，談話便切入正題，撒切爾一上來就提出 "三個條約有效" 和 "維護香港繁榮穩定離不開英國" 的論點，強調三個條約必須遵守。聽了撒切爾夫人的想法後，鄧小平表明了中國政府的立場："我們對香港問題的基本立場是明確的，這裏主要有三個問題。一個是主權問題；再一個問題，是一九九七年後中國採取什麼方式來管理香港，繼續保持香港繁榮；第三個問題，是中國和英國兩國政府要妥善商談如何使香港從現在到一九九七年的十五年中不出現大的波動。"[1]關於香港的主權問題，鄧小平強調說，主權問題不是一個可以討論的問題，中國在這個問題上沒有迴旋的餘地。1997 年中國將收回香港，不僅是新界，而且包括香港島、九龍。在會談中，鄧小平還強調，如果在十五年的過渡時期內香港發生嚴重的波動，中國政府將被迫不得不對收回的時間和方式另作考慮。撒切爾夫人回答道，如果這樣，將會導致香港的崩潰。鄧小平則說，我們要勇敢地面對這個災難，做出決策。

這次會談結束後，雙方達成的對外表態口徑是：兩國領導人在友好的氛圍中就香港前途問題闡述了各自的立場。本著維持香港的繁榮和穩定的共同目的，雙方同意在這次訪問後通過外交途徑進行磋商。

3. 中英談判歷程

中英兩國關於香港問題的談判分為兩個階段：

第一階段是從 1982 年 9 月撒切爾夫人訪華至 1983 年 6 月，撒切爾夫人訪華之後，中英雙方代表團進行了五次非正式的磋商，由於英方始終堅持 "三個條約" 有

1　《鄧小平文選》（第三卷），人民出版社 1993 年版，第 12 頁。

效，中方在香港主權問題上立場不變，雙方的磋商未取得進展。1983 年 3 月，撒切爾夫人作出妥協，致函中國總理說，英國不反對中國以其對香港主權的立場進行談判。4 月，中國總理覆函表示，中國政府同意儘快舉行正式談判。5 月底，中英雙方就談判的程序問題及三項議程達成協議：為維持 1997 年後香港的穩定和繁榮作出安排；為香港由現在起到 1997 年作出安排；為有關政權交接事宜作出安排。

第二階段談判是從 1983 年 7 月到 1984 年 9 月，雙方就具體問題進行了 22 輪談判。整個談判過程十分曲折，充滿了激烈的交鋒。1983 年 7 月 12、13 日，中英兩國在北京進行了關於香港問題的第一次正式會談。1983 年 7 月 25、26 日，中英兩國進行了第二次會談。1983 年 8 月 2、3 日，中英兩國進行了第三次會談。

在經過五十天的休會之後，中英雙方代表於 9 月 22、23 日舉行了第四次會談。中方首席代表指出，在前三輪會談中，由於英方堅持 "在承認中國對香港的主權的原則下，由英國大體上像過去那樣管治香港" 的要求，談判未取得進展。在這次會談中，英方提出由英國繼續管治香港，英方的主張實際上把談判的第二、三項議程都取消了；而中方堅持主權和治權不可分割的立場。雙方難以形成共識，第四輪會談不歡而散。

第四輪談判結束後，英方故意放出風去，說談判破裂了。結果造成了"黑色星期六"事件，港幣匯率、股市大跌，銀行擠兌，房地產拋售，人們瘋狂搶購日用品……香港報紙把九月份的經濟動盪稱為"九月風暴"。"九月風暴"引起香港居民的強烈不滿，鑒於多方壓力，中英關於香港問題的會談出現轉機。1983 年 10 月 14日，英國駐華大使柯利達（Percy Cradock）轉達了英國首相撒切爾夫人的口信：照顧中方關於主權和治權的立場，在中方建議的基礎上，雙方作出持久的安排，以實現雙方宣佈的維持香港繁榮和穩定的目標。

10 月 19、20 日，11 月 14、15 日，中英兩國分別進行了第五次、第六次會談和雙方首席代表的非正式會晤。12 月 7、8 日，雙方進行了第七次會談。從第七次會談起，雙方在中國對港政策的基礎上繼續討論第一項議程：1997 年以後的安排。在後來的會談過程中，英方陸續向中方提交了十四份"工作文件"，內容包括：香港法律制度、財政制度、對外經濟關係、貨幣制度、經濟制度、文化與教育、個人權利、公務員制度、防務與治安、憲制安排和政府結構、航運、民航、國籍和旅行證件、土地契約等。在會談中，中英雙方圍繞中國的十二條基本方針政策及在此基礎上制定的若干具體政策，結合英方的"工作文件"，逐一進行了討論。從第十二次會談（1984 年 4 月 11、12 日）起，中英雙方同意一邊繼續討論第一項議程中尚未解決的問題，一邊開始討論第二項議程（從現在到 1997 年期間香港的安排）、第三項議程（有關政權移交的問題）。在會談中，關於最終簽訂協議的形式，中方主張用"聯合聲明"的形式，因為：（1）1997 年 7 月 1 日之後，中國在香港實行的政策，性質上屬於中國內政問題，應由中國宣佈，不宜由雙方宣佈，以免造成中國內政還須由別國批准的印象。（2）在主權和治權問題的表述上，鑒於中英雙方立場不完全相同，採取由雙方分別聲明的辦法為宜。（3）從廣義上說，"聯合聲明"也是國際法的一種形式，同樣具有約束力。

在 1984 年 9 月 5、6 日舉行的第二十二次會談中，雙方以工作會議的形式逐段討論了"聯合聲明"的文本，並商定了三個附件的標題，即：附件一《中華人民共和國政府對香港的基本方針政策的闡釋》（後將"闡釋"二字改為"具體說明"），附件二《關於中英聯合聯絡小組》，附件三《關於土地契約》。9 月 17 日，雙方就協議的全部文本在代表團級別上達成了一致。1984 年 9 月 26

日，雙方舉行了《中英聯合聲明》草簽儀式。1984 年 12 月 19 日，《中英聯合聲明》在北京正式簽字。1985 年 5 月 27 日，中英完成了批准手續、互換了批准書。從此，《中英聯合聲明》正式生效。

4. 能夠通過談判收回香港的原因

為何我們能夠通過外交談判解決香港問題呢？從歷史的對比中，可能更容易找到答案。如果我們回過頭去看歷史就知道，蔣介石的國民政府曾三次試圖收回香港，但均未取得成功。第一次是 1942 年 10 月，中英雙方在重慶正式談判，英方代表向中方提交了英國草擬的新約草案，在草案中對香港問題隻字未提。中方對英方草案提出了修訂草案，提出應解決新界租借地問題。英方表示此次交涉不考慮租借地問題。經過一番外交博弈，最終國民政府作出讓步，於 1943 年 1 月 11 日簽署了《中英關於取消英國在華治外法權及有關特權條約之換文》，其中未涉及新界的任何內容。當時的外交部長宋子文照會英國駐華大使，聲明中國政府對新界租借地 "保留日後提出討論的權利"。第二次是在 1943 年的開羅會議上，蔣介石明確表示了香港主權屬於中國的立場，但英國堅持殖民主義立場，香港的歸屬問題未能在開羅會議上解決，會議發表的《開羅宣言》未提及香港問題。第三次是在抗日戰爭結束後，1945 年 8 月 16 日，英國駐華使館交給中國一份備忘錄，宣佈英國要重佔香港並恢復英國的統治。國民政府立即照會英國政府，香港日軍應向中國戰區最高統帥蔣介石投降。雖然蔣介石已經任命了接收香港的受降官，但由於美國的壓力，蔣介石決定不派中國軍隊進入香港。9 月 1 日，蔣介石派遣的軍事代表團宣佈，國民政府同意英軍佔領香港。9 月 16 日，英國海軍少將哈考特（Cecil Halliday Jepson Harcourt）在香港總督府接受了日軍投降。

國民政府三次都未能收回香港，而新中國通過談判收回了香港，我覺得主要是三個方面因素：一個因素是"弱國無外交"，談判的基礎是國家的實力，新中國成立後，我們國家的綜合國力得到發展壯大，我們國家堅持了獨立自主的外交政策。還有一個因素是"一國兩制"的方法比較符合實際，容易獲得各方面的認可和接受。鄧小平也表達過這樣的觀點，在中央顧問委員會第三次會議上的講話中，他指出："香港問題為什麼能夠談成呢？並不是我們參加談判的人有特殊的本領，主要是我們這個國家這幾年發展起來了，是個興旺發達的國家，有力量的國家，而且是個值得信任的國家，我們是講信用的，我們說話是算數的。"[2] 第三個因素，從國際法的角度看，和平解決國際爭端是國際法的原則之一，和平談判是解決國際爭端和分歧的基本方法。《聯合國憲章》第 33 條就把和平談判放在和平解決國際爭端的各種方法的首位。因此，我們選擇通過與英國進行外交談判的方式解決香港問題，是合法、合理的。

（三）為什麼不承認三個條約

清政府被推翻之後，我國的歷屆政府都不承認英國對香港的 "永久主權"，在不同程度上都為香港回歸祖國做出過努力。但由於歷史條件的限制，以前的幾屆政府都沒有完成這一使命，只有中華人民共和國政府才有可能把恢復對香港行使主權的願望變成現實。1949 年 9 月 29 日，中國人民政治協商會議第一次會議通過了《中國人民政治協商會議共同綱領》（簡稱《共同綱領》）。《共同綱領》是新中國的建國綱領，規定了國家的各項基本政策，其中第 55 條規定："對於國民黨政府與外國政府所訂立的各項條約和協定，中華人民共和國中央人民政府應加以審查，按其內容，分別予以承認，或廢除，

2　《鄧小平文選》（第三卷），人民出版社 1993 年版，第 85 頁。

或修訂，或重訂。"這就說明，從建國之初起，我們對條約繼承的態度是：既不承認一切舊條約繼續有效，也不認為一切舊條約當然失效，而是根據條約的內容和性質，逐一審查，區別對待。1963 年 3 月 8 日，《人民日報》發表社評文章《評美國共產黨聲明》，其中指出："香港、澳門這類問題，屬於歷史上遺留下來的帝國主義強加於中國的一系列不平等條約的問題"，"我們一貫主張，在條件成熟的時候，經過談判和平解決，在未解決之前維持現狀，例如香港、九龍、澳門問題，以及一切未經雙方正式劃定的邊界問題，就是這樣。"這就表明了我們不承認不平等條約的態度。1982 年 9 月 24 日，鄧小平同英國首相撒切爾夫人會談時指出："如果中國在 1997 年，也就是中華人民共和國成立 48 年後還不把香港收回，任何一個中國領導人和政府都不能向中國人民交代，甚至也不能向世界人民交代。如果不收回，就意味著中國政府是晚清政府，中國領導人是李鴻章！"[3] 這就表明了在條件成熟時，中國要恢復對香港行使主權的堅定決心。

不平等條約是以大欺小、恃強凌弱的非法行為，

3　《鄧小平文選》（第三卷），人民出版社 1993 年版，第 12 頁。

在國際法上它本身也是不正義的，我們的態度只能是不
予承認。不承認三個不平等條約的法理依據是：（1）三
個不平等條約是侵略戰爭的產物，按照國際法的基本原
則，侵略戰爭是非法的，非法行為不產生權利。（2）三
個不平等條約是使用武力或以武力相威脅而締結的。按
條約法的原則，這種條約無效。（3）違反國際法的強制
法規則（也稱為"強行規範"，即國際社會公認的不得破
壞的規範）。維護國家主權平等和領土完整、反對侵略、
反對殖民統治都屬於國際法強制法規則的範疇。按《維
也納條約法公約》的規定，"條約與一般國際法強行規
則相抵觸者無效"。

（四）主權、治權分離問題

　　在中英兩國談判解決香港問題的過程中，英國提出
"以主權換治權"，即承認中國對香港地區的名義主權，
而英國則繼續保留管治香港的實際權力，保持英國在香
港的影響。所謂"主權屬中、治權屬英"，實質上是否定
了中國的主權，是以一項新的不平等條約代替舊的不平
等條約，這是中國人民決不接受的。中方一直認為主權
和治權是不能分割的，這是我們認識主權和治權兩者關
係的一個基本前提。中國恢復對香港行使主權，是指包

括恢復行政管理權在內的完整主權，而不是一個被架空的名義上的主權。為批駁英方關於"以主權換治權"的主張，1983年9月20日的《人民日報》轉載了《國際問題研究》1983年第4期發表的一篇文章，文章的題目是《中國收回香港地區完全符合國際法》，我覺得這篇文章還是很有說服力的。我們可以看看這篇文章的內容：

從法律上說，一國的領土被別國侵佔，受害一方有權採取任何方式隨時收回被侵佔的領土，恢復行使自己的主權。由於被佔領領土的主權本來就屬於受害一方，不屬於侵佔者，所以根本不存在侵佔者"以主權換治權"的問題。

況且，主權作為一個法律概念本來就是不可分的。什麼是主權？主權是一個國家的固有權利：對內表現為最高權，即國家對其領土和在其領土上的一切人和物擁有排他的管轄權；對外表現為獨立權，即國家在國際關係中完全自主地行使權力，不受任何外來干涉。什麼是治權？治權就是行政管理權，是國家領土內實行統治之權，是主權的具體體現。在主權這個概念中，當然包括治權在內。兩者既然不可分，當然也就談不到彼此交換。

我認為，中國收回香港主權，主要的政治目標有三：（1）收回主權，保持領土和主權完整，完成一項光榮的歷史任務。（2）收回後的五十年，保持其實行的資本主義制度不變，賦予其高度自治權，這樣既不會引起港人的反抗和反感，同時可以對和平統一台灣樹立良好榜樣，有利於國家的和平統一大業。（3）保持香港的繁榮穩定，對促進中國"四個現代化"有積極作用，可向內地引進資金及先進的科技和管理技術。香港在經濟上的繼續成功，不但能給內地帶來外匯，還能帶動經濟特區的進步，有利於內地推進改革和開放的政策。收回香港和保持香港繁榮穩定是一個完整的目標，二者統一不可分割：收回香港是主權問題，保持香港的繁榮穩定是治權問題。這裏還有一個民族自信心的問題，不是說離開了英國管治就不能保持香港的繁榮穩定，要相信中國人能治理好香港，正如鄧小平所說："香港過去的繁榮，主要是以中國人為主體的香港人幹出來的。中國人的智力不比外國人差，中國人不是低能的，不要總以為只有外國人才幹得好。要相信我們中國人自己是能幹得好的。"[4]

4　《鄧小平文選》（第三卷），人民出版社 1993 年版，第 60 頁。

二、中英聯合聲明

如何認識《中英聯合聲明》和香港基本法的關係？《中英聯合聲明》是制定香港基本法的依據嗎？鑒於老是有西方的一些國家、政客以及香港本地的一些人士拿《中英聯合聲明》說事，指責中方或中央政府違反《中英聯合聲明》，需要對以上問題進行正本清源，以正視聽。

我國憲法是制定香港基本法的法律依據。憲法是國家的根本大法，一切法律的制定都要以它為基礎。香港基本法作為國家的一項法律，以憲法為根據，是不言而喻的。有必要指出的是，設立香港特別行政區和制定香港基本法的法律依據既有聯繫，又有區別。1990 年 4 月 4 日通過的《全國人民代表大會關於設立香港特別行政區的決定》明確，設立香港特別行政區的依據是我國憲法第 31 條、第 62 條第 13 項的規定；而同日通過的香港基本法在序言部分明確"根據中華人民共和國憲法，全國人民代表大會特制定中華人民共和國香港特別行政區基本法，規定香港特別行政區實行的制度，以保障國家對香港的基本方針政策的實施。"顯然，制定香港基本法的依據是整部憲法。

有人認為，《中英聯合聲明》也是制定基本法的根據，這種觀點是不對的。《中英聯合聲明》是一項國際協議，國際協議可以使參加國承擔一定的國際義務，但不能認為協議本身就成為國內立法的依據。這是世界各國的通例，英國也是這麼做的。雖然《中英聯合聲明》不能成為制定香港基本法的依據，但這並不排除國家把在《中英聯合聲明》中闡明的中國政府對香港的基本方針政策用法律形式規定下來。事實上，《中英聯合聲明》第三條規定的中國政府對香港的"十二條"基本方針政策在香港基本法的各章條文中都得到了充分的體現。

（一）承諾制定基本法

《中英聯合聲明》附件一中載明：

中華人民共和國憲法第三十一條規定："國家在必要時得設立特別行政區。在特別行政區內實行的制度按照具體情況由全國人民代表大會以法律規定。"據此，中華人民共和國將在一九九七年七月一日對香港恢復行使主權時，設立中華人民共和國香港特別行政區。中華人民共和國全國人民代表大會將根據中華人民共和國憲法制定並頒佈中華人民共和國香港特別行政區基本法，規定香港特別行政區成立後不實行社會主義的制度和政策，保持香港原有的資本主義制度和生活方式，五十年不變。

根據上述規定，我國承諾在對香港恢復行使主權時，制定香港基本法。這裏的承諾對象是誰呢？英國的一些政客認為承諾的對象是英國，根據《中英聯合聲明》第三條及附件一，英國有權利監督中國在香港履行"一國兩制"的情況。但是從事實和法理分析，《中英聯合聲明》第三條及附件一不構成中國對英國的義務，英國根本無權監督。實際上，《中英聯合聲明》第三條及附件一是中國政府對香港特別行政區作出的承諾，而不是中國對英國所負的義務。在中英兩國第七輪談判過程中，1983 年 12 月 7 日，英方代表柯利達表示，"不打算就英國和香港的聯繫提出任何與 1997 年整個香港的主權和管治權必須歸還中國這個前提相衝突的建議，更不打算建議 1997 年後香港特別行政區與英國政府之間在任何級別上建立任何權力或彙報聯繫。"這表明，英方承認回歸之後如何治理香港是中國的內政事務。

（二）中國關於香港問題的方針政策

1983 年初，中國政府就解決香港問題形成了"十二條"基本方針政策。後來"十二條"方針政策寫進了《中英聯合聲明》。《中英聯合聲明》正文部分第三條規定了中華人民共和國對香港的基本方針政策，共十二條：

　　1. 為了維護國家的統一和領土完整，並考慮到香港的歷史和現實情況，中華人民共和國決定在對香港恢復行使主權時，根據中華人民共和國憲法第三十一條的規定，設立香港特別行政區。

　　2. 香港特別行政區直轄於中華人民共和國中央人民政府。除外交和國防事務屬中央人民政府管理外，香港特別行政區享有高度的自治權。

　　3. 香港特別行政區享有行政管理權、立法權、獨立的司法權和終審權。現行的法律基本不變。

　　4. 香港特別行政區政府由當地人組成。行政長官在當地通過選舉或協商產生，由中央人民政府任命。主要官員由香港特別行政區行政長官提名，報中央人民政府任命。原在香港各政府部門任職的中外籍公務、警務人員可以留用。香港特別行政區各政府部門可以聘請英籍人士或其他外籍人士擔任顧問或某些公職。

　　5. 香港的現行社會、經濟制度不變；生活方式不變。香港特別行政區依法保障人身、言論、出版、集會、結社、旅行、遷徙、通信、罷工、選擇職業和學術研究以及宗教信仰等各項權利和自由。私人財產、企業所有權、合法繼承權以及外來投資均受法律保護。

6. 香港特別行政區將保持自由港和獨立關稅地區的地位。

7. 香港特別行政區將保持國際金融中心的地位,繼續開放外匯、黃金、證券、期貨等市場,資金進出自由。港幣繼續流通,自由兌換。

8. 香港特別行政區將保持財政獨立。中央人民政府不向香港特別行政區徵稅。

9. 香港特別行政區可同聯合王國和其他國家建立互利的經濟關係。聯合王國和其他國家在香港的經濟利益將得到照顧。

10. 香港特別行政區可以"中國香港"的名義單獨地同各國、各地區及有關國際組織保持和發展經濟、文化關係,並簽訂有關協定。

香港特別行政區政府可自行簽發出入香港的旅行證件。

11. 香港特別行政區的社會治安由香港特別行政

區政府負責維持。

　　12. 關於中華人民共和國對香港的上述基本方針政策和本聯合聲明附件一對上述基本方針政策的具體說明，中華人民共和國全國人民代表大會將以中華人民共和國香港特別行政區基本法規定之，並在五十年內不變。

　　《中英聯合聲明》附件一 "中華人民共和國政府對香港的基本方針政策的具體說明"，則較為細緻地對以上 "十二條" 基本方針政策進行了闡釋。即便如此，《中英聯合聲明》的有關規定還是不夠具體，實踐中對於《中英聯合聲明》中的一些字詞也常常有不同理解。對於這一問題，1986 年 1 月 13 日，時任國務院港澳辦秘書長魯平在會見港澳地區的全國人大代表和政協委員時提出，很多事情在中英會談時不可能談得很具體，亦不能在聯合聲明內寫得很具體，例如 "立法機關由選舉產生" 一語就沒有說明是採用直接選舉還是間接選舉、具體選舉形式是怎樣的，這些都要在制定基本法時，具體寫出來。草擬基本法是中國的內部事情，無須就某些不夠具體的字眼理解與英方討論，但香港人的意見則要聽取。

三、為何提前制定基本法

　　制定香港基本法的前提條件是香港問題（即我國要對香港恢復行使主權）的解決。經過 22 輪的艱苦談判，中英兩國於 1984 年簽署了關於香港問題的聯合聲明，載明中國政府決定於 1997 年 7 月 1 日對香港恢復行使主權。從《中英聯合聲明》生效到成立香港特區、適用香港基本法尚有十二年的過渡期，為什麼全國人大在 1985 年就決定起草基本法呢？

　　我認為，主要的考慮是：（1）要以法律形式確定中央關於香港問題的方針、政策（即"十二條"），使這些方針、政策法律化、制度化；（2）中方在聯合聲明中有承諾要制定基本法，要藉此取信於海內外，使香港居民對未來更有信心；（3）要為接收香港的各項準備工作提供方向性的指導和規範性的要求，也是提前設計一些未來特別行政區政府的行為規範；（4）在香港回歸的過渡期內，為港英政府確定政策、進行改革和調整制度的某些環節提供依據；（5）用香港基本法來協調內地與香港的不同制度，協調中央與香港的關係，協調香港內部的關係。總之，是為了有利於保持香港的繁榮、穩定，有利於安定民心。

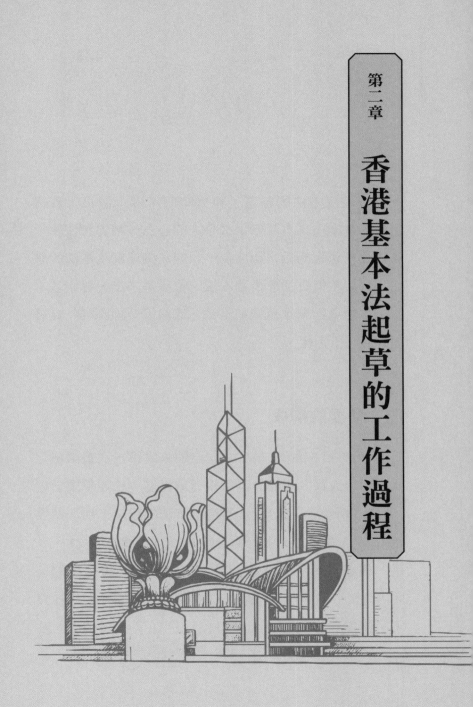

第二章　香港基本法起草的工作過程

　　香港基本法的起草工作歷時四年零八個月，最終定稿的基本法文本凝聚了很多人的心血、精力和汗水。回顧起草過程的艱辛和曲折，才能深刻理解基本法的來之不易，才能更加珍惜基本法、呵護基本法、尊崇基本法，才能全面準確實施基本法，確保"一國兩制"實踐不變形、不走樣。

一、草委的構成

　　1985 年 4 月 10 日，六屆全國人大第三次會議決定成立中華人民共和國香港特別行政區基本法起草委員會（簡稱"草委會"），負責香港基本法的起草工作。草委會由 59 人組成，其中內地委員 36 人，香港委員 23 人。這一構成是經過有關方面反覆研究和協商後提出的。在內地的 36 人，包括周南、魯平等有關部門負責人 15 人，胡繩、錢偉長等各界知名人士 10 人，蕭蔚雲、許

崇德等法律界人士 11 人；香港委員中，有包玉剛、李嘉
誠、查良鏞等工商、文化教育、法律、工會、宗教等各
界人士，以及以個人身份參加的香港行政、立法兩局議
員和香港法院的按察司。因此，草委會的代表性比較廣
泛，能使基本法的起草更加符合香港的實際情況。當時
曾有香港委員擔心內地委員人數多於香港委員，一旦表
決，香港（票數）永遠超不過內地，但實踐中這種擔心
很快便消除了，因為表決都是在通過協商基本達成共識
的基礎上進行的。

香港基本法起草委員會委員名單

主任委員：

姬鵬飛

副主任委員：

安子介　包玉剛　許家屯　費彝民　胡　繩
費孝通　王漢斌　李國寶

委員：

馬　臨　王漢斌　王叔文　王鐵崖　毛鈞年
包玉剛　鄺廣傑　司徒華　鄔維庸　劉皇發
安子介　許家屯　許崇德　芮　沐　李　後

李國寶　李柱銘　李裕民　李福善　李嘉誠
蕭蔚雲　吳大琨　吳建璠　張友漁　陳欣（女）
陳　楚　邵天任　林亨元　周　南　鄭正訓
鄭偉榮　項淳一　榮毅仁　胡　繩　柯在鑠
查良鏞　查濟民　費孝通　費彝民　勇龍桂
莫應湘　賈　石　錢偉長　錢昌照　郭棣活
容永道　姬鵬飛　黃麗松　黃保欣　釋覺光
魯　平　裘劭恆　雷潔瓊（女）　廖　暉
廖瑤珠（女）　端木正　譚惠珠（女）
譚耀宗　霍英東

秘書長：

李　後

副秘書長：

魯　平　毛鈞年

　　1985 年 7 月 1 日至 7 月 5 日，草委會在北京舉行了
第一次全體會議，這次會議確定了基本法起草的大致規
劃和步驟。會議認為，基本法的起草工作，必須經過認
真的、反覆的討論和修改，不能草率從事，因此預計需
要四到五年的時間才能完成，並爭取在 1990 年上半年提
出《香港特別行政區基本法（草案）》，報請全國人大審

議通過並頒佈。基本法的起草工作大致分為幾個步驟：

1. 1985 年下半年，集中力量進行調查研究，廣泛徵詢香港各界同胞對基本法的意見和建議，在此基礎上，爭取 1986 年第一季度召開草委會第二次全體會議，確定基本法應包括哪些方面的內容，並劃分專題，著手進行起草工作。

2. 1986、1987 年兩年，按專題進行討論和起草。草委會每次會議可以討論一至兩個專題。在分專題討論和起草的基礎上，爭取在 1988 年初擬出《基本法（草案）討論稿》，印發有關方面徵求意見。

3. 1988 年一年間，草委會將根據各方面的意見，討論修改《基本法（草案）討論稿》，爭取在 1988 年底提請全國人大常委會進行審議，並公佈《香港特別行政區基本法（草案）》，廣泛徵詢各方面和香港各界同胞的意見。

4. 1989 年下半年，草委會根據徵集的意見對《基本法（草案）》進行修訂，並於 1990 年上半年提請全國人大審議通過並頒佈。

二、秘書處

在草委會第一次全體會議上，姬鵬飛主任委員發表了講話。他在講話中提出，考慮到實際工作的需要，建議在草委會下面設立一個秘書處，作為起草委員會的工作機構，負責處理日常工作，包括進行具體的文字綜合整理工作、起草委員會會議的籌備和會務工作等。根據後來草委會第二次全體會議通過的《中華人民共和國香港特別行政區基本法起草委員會工作規則》（簡稱《草委會工作規則》），草委會秘書處的工作包括：（1）綜合各方面對基本法提出的意見，進行文字整理，經主任委員會議審議後向草委會提出供討論用的草案稿。（2）負責同草委會委員的通訊聯絡，向委員提供資料。（3）負責草委會全體會議期間的會務工作和文件起草工作。（4）負責安排主任委員會議和各專題小組會及有關的文件起草和記錄工作。（5）處理其他日常工作。因為秘書處不作出決定，只是做一些服務性、保障性工作，所以秘書處沒有香港同胞參加。秘書處成員有十餘人，我是其中一員，我們對外總是說我們是"打工的秘書班子"。

在秘書處工作期間，我印象深刻的有三件事。

一個是集中學習。1985 年起開始研究香港回歸問題時，大家都不了解香港，有些認識都是偏見，例如有人認為香港遍地是黃金，也有人認為香港是燈紅酒綠的花花世界。因此，秘書處的工作人員先補補課，了解香港的 ABC，可以更好地為基本法的起草工作提供各項服務。1985 年下半年，在去香港進行實地調研之前，草委會秘書處研究組集中了約一個半月時間進行學習。我記得當時擬定了一份工作計劃，大致如下：

> 7 月 17 日—7 月 20 日　　了解香港的歷史和現狀（閱讀材料：香港基本情況；三個不平等條約的有關史料；香港問題資料彙編；其他有關專題資料。參閱資料：《英皇制誥》、《皇室訓令》、《殖民地規則》。）

> 7 月 22 日—7 月 27 日　　學習中央關於解決香港問題的方針政策（閱讀資料：中央領導關於香港問題的有關指示、中國對香港問題的十二條方針政策、關於香港問題的具體方針政策的請示）

> 7 月 29 日—8 月 17 日　　研究《中英聯合聲明》及其附件

> 8 月 19 日—8 月 31 日　　討論基本法的結構的初步設想；擬定去香港調研的提綱和具體工作計劃。

　　我記得有一份學習資料是全國人大法工委研究室提供的，文件的名稱是"香港法律的構成和淵源"。其中寫到香港實行普通法和衡平法，我對這個比較感興趣，後來慢慢理解了，普通法和衡平法是所謂不成文法，由法院歷年的判例累積而成。其中主要部分是英國法院的判例，也有其他英聯邦成員國如澳大利亞、新西蘭、新加坡、印度等國法院的判例以及香港法院的一部分判例。當然，並非所有判例的判詞或每字每句都是法律，必須經過縝密的法學方法歸納演繹而成的法律原則，才具有法律效力。

　　另外還有印象深刻的兩件事。一個是編寫簡報等資料。當時秘書處有一個專門的簡報組，負責編發草委會全體會議簡報。這種簡報可以使分組討論的各個小組了解其他小組的討論情況，了解整個基本法起草的推進情況。還有一件事是草委會秘書處專家小組到香港進行調研。沒有調查研究，就沒有發言權嘛。起草基本法是一項沒有先例可循的創造性工作，需要進行調查研究和廣泛徵求意見。經過在香港一個多月的調研，我感覺自己的頭腦比去香港之前充實多了。對於此次調研的具體過程，下面（本章第四部分）再詳細介紹。

三、遠望樓的集中

　　草委會第一次全體會議確定第二次全體會議的中心議題是"研究確定基本法的結構和應該包括的主要內容，同時要劃分專題，以便於著手進行起草工作"。為了給草委會第二次全體會議作準備，1985 年 8 月，草委會秘書處到北京的遠望樓進行集中辦公，並組織參加秘書處工作的內地法律專家著手設計基本法的框架。專家們分別提出了四個關於基本法結構的初步方案，這些方案將基本法的內容分為四章、七章、十章不等。

　　基本法結構分四章的方案，由邵天任、蕭蔚雲提出。具體包括序言，第一章總綱，第二章居民的基本權利和義務，第三章政權機構（第一節政府、第二節立法機關、第三節法院和檢察機關），第四章基本法的解釋、修改和生效。

　　基本法結構分十章的方案，由許崇德提出。具體包括序言，第一章總則，第二章香港居民的基本權利和義務，第三章香港特別行政區議會，第四章香港特別行政區政府，第五章香港特別行政區法院，第六章香港特別行政區小區議會和小區行政委員會，第七章香港特別行政區的財政和經濟，第八章香港特別行政區的教育、科學和文化，第九章香港特別行政區的對外事務，第十章香港特別行政區基本法的修改和實施。

基本法結構分七章的方案，由梁子馴提出。包括序言，第一章總綱，第二章基本權利和義務，第三章行政長官，第四章特別行政區機構（政府行政機構、立法機構、審判機構），第五章財經金融，第六章基本法的解釋、修改和生效，第七章過渡條款或附則。梁子馴對這個基本法結構和內容作了兩點說明：第一，行政長官的職位設置理由：（1）香港原來的政府結構是根據社會經濟的管理經驗形成的。這個結構的特點是高度集權，首腦職位在行政、立法和司法三權之上，有較大的駕馭權力而又比較超脫，所以工作效率較高。特別行政區政府成立後，如沒有現成較好的政府組織結構可以參考，又要使整個政府運轉良好，保持穩定繁榮，只有參用原來的形式。（2）特別行政區向中央人民政府負責，有責就必須有權，而且權力應該專注。（3）行政長官的設置不同於過去的港督，首先產生的方式不同。其次是職權範圍不同。行政長官的職權主要是領導政府行政，全面考慮和安排香港的經濟建設。（4）當代資本主義國家社會經濟有效管理的經驗是加強政府首腦的權力，這個有共性的發展趨勢可作為政府機構設置之參考。第二，基本法內突出集中"財經金融"一章，在資本主義國家的憲法中很少這樣寫的。但考慮在"一國兩制"的原則下，要保持香港社會經濟穩定繁榮，而財經金融是最為重要的核心問題，故應該在基本法中佔有一定位置。

還有一個分為五章的"合作方案"（因為把自治權單列一章，故被稱為"自治權方案"），包括序言、第一章總綱、第二章自治權、第三章政治架構、第四章香港居民（公民）的權利義務（值得注意的是，這個方案認為在這部分應寫上"中國公民有維護祖國統一、領土完整、民族團結的義務"的內容）、第五章附則。

1985 年 8 月 20 日，秘書處彙總了一下各方案存在的問題，並提出了需要調查研究的問題以及待定的問題，摘錄如下：

　　1. 各方案中的一些問題：議會除立法外，是否還應成為權力機關；檢察機關的安排；內地人去香港是否按現行辦法辦，各個方案均未寫這一點；政權機構的排列順序；政府的組成及其與議會的關係，各個方案都不相同；具體事務性問題如何安排；等等。

　　2. 需調查的問題：法院設置、管轄、級別、關係、審級；兩個權利公約的適用部分；檢察機關的情況（律政司的職能）；香港現行法律概況；香港所簽條約的情況；香港存在不存在司法解釋問題；要不要基層政權（區議會的性質、作用）；香港的行政長官應具有何種地位；香港政黨的動態；香港的憲法習慣有哪些；香港的少數民族情況；代議制的推行情況。

3.待定的問題：特別行政區的義務問題；過渡條款是否妥當；政黨問題；"負責"的含義；什麼人沒有選舉權；香港特別行政區的區界是否包括空域；內地省與省之間的海域是否劃分。

1985年8月21日，秘書處針對"自治權方案"專門進行了討論，在會議上大家踴躍發言。

蕭蔚雲提出：自治權與總綱及議會職權的規定有交叉。

李後提出：高度自治權已用一句話概括，即"行使立法權、行政管理權、獨立的司法權和終審權"。

魯平提出：自治權要完整地體現，因而主要問題是要解決與總綱的關係。總綱中的有些問題本身也是自治權。

鄭偉榮提出：政治架構不能照搬英國做法。

梁子馴提出：基本法要解決三個問題：1. 原則如何表述的問題，首先弄清楚基本原則有哪些。2. 技術問題，聯合聲明中的問題如何體現“法”的要求。3. 實質性的問題。幾個方案都沒能很好解決，而這又是最主要的問題。（1）如公民權利自由，兩個公約哪些適用於香港，由基本法應說清。例如，英國對《公民權利和政治權利國際公約》第25條規定的一人一票普選作出保留，並表示該條不適用於香港。（2）中央在管治權劃分上如何有效地控制香港？現在的方案裏都寫的是“備案”，而“備案”僅僅是一種事後監督手段。（3）政權結構：是大行政長官還是小行政長官。聯合聲明中寫特別行政區設行政長官，這意味著是在立法、行政、司法之上的大行政長官。要保持穩定，強調行政長官的權限有好處。（4）要設幾級政府機構？香港18個區的設立合理嗎？設大區還是小區？這涉及是一級還是二級政權機構。

後來，秘書處取各個方案之後，形成了一個基本法結構草案討論稿。討論稿分序言和十章，包括總則、中央與特區關係、居民權利義務、政治體制、經濟、科學教育文化、對外事務、區旗區徽、基本法的法律地位和解釋與修改、附則等。

四、十二人專家組

為了給草委會第二次全體會議的召開作準備，草委會秘書處組織了一個十二人的專家工作組到香港開展調研。專家組的主要工作內容是聽取香港各界對起草基本法的意見。從 1986 年 1 月 4 日到 2 月 5 日，草委會秘書處專家工作組（也稱"調查小組"）花了約一個月的時間，在香港聽取了各界人士對起草基本法的意見。

（一）港人對專家組的初步印象

我們剛去香港時，香港人說是"表叔"來了。我們不懂什麼意思，回去一問才知道"表叔"就是"土包子"的意思。這說明，當時香港對內地也不了解，或者存在一些誤解。當時的香港媒體還是很厲害，把我們每個人的背景都摸得很清楚。專家組剛到香港，香港報紙上就對專家組成員進行了詳細介紹：

　　魯平：58歲，四川人，中國國務院港澳辦公室秘書長，草委會副秘書長，曾任中英會談中方成員，當時身份是外交部西歐司顧問。魯平在五十年代至七十年代，原從事水利電力工程工作，在七二年曾主管水利電力部對外事務。

　　邵天任：71歲，遼寧人，中國外交部法律顧問，基本法草委，國際法專家，曾為中英會談中方成員。

　　蕭蔚雲：60歲，湖南人，北京大學法律系教授、系副主任，憲法專家。

　　吳建璠：59歲，湖南人，中國社會科學院法學研究所副所長、研究生院法律系副主任，基本法草委，曾任中英會談聯合工作小組中方成員，對香港法律問題有研究。

　　許崇德：56歲，上海人，中國人民大學法律系副教授，北京聯合大學文法學院院長，基本法草委，憲法專家。

　　梁子馴：廣東人，全國人大常委會法制工作委員會調研員。

廉希聖：54歲，天津人，中國政法大學法律系副教授。

魏定仁：56歲，北京人，北京大學法律系副教授，中國憲法學研究會副秘書長。

蔣維屏：60歲，河北人，外交部港澳事務辦公室參贊，在中英香港前途會議期間，曾為中方工作小組成員。

葉晃德：62歲，廣東人，國務院港澳辦公室調研員。

賀錫嘉：湖北人，女，外交部條約法律司一等秘書。

徐澤：32歲，廣東人，國務院港澳辦公室一司副處長。

香港媒體不僅把我們的個人履歷背景搞出來，還分析了我們的法學思想。比如，當時《信報》專門開設一個欄目"中國專家工作小組成員的法學觀"。這個欄目介紹許崇德老師的法學觀點的文章，標題用的是《戴著墨鏡看現代資本主義社會》。後來經人提醒，我才知道許崇德老師有眼疾，所以白天也要戴墨鏡，才明白這篇文章標題的寓意。1986年1月15日發表的專欄文章標

題是《廉希聖批判"主權在民"》，這篇文章的標題很
有誤導性，有點像現在說的"標題黨"。其實這篇文章
主要是介紹我的一個觀點：資產階級為了維護他們的統
治，竭力掩蓋國家的階級本質，妄圖將資本主義國家說
成是"全體人民"的國家，其權力"屬於全體人民"，而
不敢公開宣佈資產階級專政的實質。所以其實，我批判
的是西方虛假的"主權在民"。當時還有一個插曲，當
天晚上吃飯時，魏定仁老師拉住我，問旁邊的一個人：
"你看我們兩個像不像。"那人說，身材、身高、臉型都
很像。魏定仁便說："今天信報張冠李戴了。"原來信報
介紹我法學觀點的文章，用的不是我的照片配圖，而是
魏定仁老師的照片。1 月 16 日發表的"中國專家工作小
組成員的法學觀"專欄文章的標題是《反對中國實行聯
邦制》，在文章末尾還特意發了致歉聲明："昨天本文配
圖為魏定仁先生之誤，特向有關人士及讀者致歉。"後
來，針對香港有人對國內法律專家參與基本法起草有疑
慮，認為法學觀不同會影響基本法內容，許崇德老師指
出：這顯然是過慮了，中國的法學家是忠實信守"一國
兩制"這個原則的。我們承認香港的歷史和現實，理解
香港各階層人士的心理和要求，我們一定從實際出發，
堅定地貫徹"一國兩制"方針，寫好基本法。至於個人

的法學觀點和學術見解，往往處於發展的狀態之中。它同基本法的起草工作是兩回事。學術問題絕不可能影響起草基本法這個偉大的歷史任務。

（二）專家組在港"只聽不講"

在港期間，專家工作小組當時有一個大的原則是"只聽不講"。專家組通過多種途徑和方式，廣泛接觸香港各階層人士，聽取他們對基本法及相關問題的意見，大小座談會開了上百次，約見了一百多個各界團體。專家組此次調研的總體感覺，正如許崇德老師後來說的："港人言無忌，工作很順利。"下面我列一個大致的工作日程安排，這個日程肯定不全面。

1月7日，專家組會見了草委會五位在港副主任委員，討論工作日程安排。

1月8日，會見了在港的十三位草委，就四月份將在北京舉行的草委會第二次全體會議有關的準備工作交換了意見。

1月13日，會見了港澳地區全國人大代表、政協委員。我印象深刻的是，當時人大代表吳康民表示，在制訂基本法時，必須研究三個指導思想，即中央與香港的關係、協商與民主的協調、立法與行政機關的制約。另外，香港因怕失去對行政機關的約束力，故恐行政機關權力凌駕於立法機關之上。但西方的罷免制度亦容易影響行政機關的穩定性。這些問題都要在基本法內解決。

1月14日，會見了香港大律師公會、香港律師會的代表。

1月18日至21日，分四批會見了180名基本法諮詢委員會委員。其中，1月18日，會見了基本法諮詢委員會六大宗教代表，魯平表示基本法將寫明各種宗教信仰自由。

1月24日，會見了專上學生聯會，多間大專院校代表出席。

1月30日，會見了近二十名新聞行政人員協會成員及報業公會代表。在會見新聞界代表時，專家小組指出：在不損害中國主權原則下，九七之後香港仍然享有現時的新聞自由。魯平當時強調，世界上沒有一個國家或地方可以享有絕對的新聞自由，九七之後，香港報界還可以批評政府或共產黨，但是，不允許損害到中國主權，如鼓吹"香港獨立"的言論便不會允許。基本法只會列明新聞自由的大原則，具體的還要由特區政府法例來規定。

2月5日，專家組離開香港。魯平在車站接受了記者採訪，主要談了三個感謝：一是感謝香港各界人士對基本法提出了很多寶貴意見；二是感謝香港政府作了一些安排，看了很多地方，使我們更加了解香港了；三是感謝傳媒，香港各個傳媒大量報道了我們的工作。

（三）專家組在港了解民情

1月8日，在會見了在港的十三位草委之後，魯平對媒體記者表示："起草委員希望專家工作小組這次訪問，不要單是關起門來聽意見，而應該花更多的時間，深入到香港各方面的生活當中去，了解香港一些具體情況，多增加一些對港的感性認識，這樣有利於將來起草基本法時，對香港有更深的了解。"因此，之後專家組參觀了香港的很多地方，下面是一個很不完整的考察日程：

1月15日，專家組參觀了香港大學，行程中的一個重點是法律學院。

1月18日，專家組參觀了黃大仙嗇色園，了解香港風土民情。

　　1 月 20 日，專家組參觀了黃保欣議員的工廠。

　　1 月 21 日，專家組參觀了遠東交易所及金銀貿易場。

　　1 月 30 日，專家組應邀參訪了市政局會議廳、大會堂、音樂廳等。

（四）專家組的調研報告

　　調研結束後，專家小組向草委會彙報了在香港調研的總體情況：在香港一個多月時間，共出席了 110 次座談會，會見的人數約 1100 多人次，包括政界、工商界、金融界、房地產界、航運界、勞工界、法律界、教育界、新聞出版界、文藝界、宗教界、婦女界和各社會團體的人士，基本上包括了香港各個階層、各個方面。小組還訪問了最高法院、香港大學、中文大學、市政局和新界鄉議局，參觀了生產力促進中心、職業訓練局、證券和金銀交易所、工廠、海港、集裝箱碼頭、商場、寺廟、馬場等場所，實地考察了香港各個側面和社會的運作。小組的部分成員還應邀與港英政府官員進行了非正式的接觸，會見了港督、首席按察司、布政司、律政司、政務司、工商司和政治顧問等。

專家小組調查的幾個主要問題包括：

1. 基本法的結構問題。關於基本法的結構有多種設想，可以歸納為五類：（1）認為基本法是特別行政區的根本大法，可以按照憲法的架構起草基本法。（2）認為基本法的結構應按《中英聯合聲明》的附件一寫，因為附件一已經寫得相當完備了。（3）不少人具體地指出了基本法的結構方案，列出了應包括哪幾章、哪幾節等。（4）有的設想只提到結構應當寫某一方面的內容，而沒有全面論述。例如，有的提出關於中央與特別行政區的關係問題，基本法應設一章明確規定。（5）個別意見認為，用憲法的形式來寫基本法是很困難的事，最好用公司法的形式來寫。總之，從這些設想來看，較多人主張應按照《中英聯合聲明》附件一的形式和內容來規定基本法的結構，主張中央與香港特別行政區的關係要專設一章。

2. 政治體制問題。在這一問題上，大致有五方面內容：

（1）關於政治體制設計的兩種意見。一種觀點認為應對現行政制作一些改變，但不是大變，而是小變、漸變。另一種觀點認為，目前的政制不利於社會的發展和進步，勢在必改，應加快民主化的步伐。

（2）關於行政長官的產生及地位。關於其產生，有的主張應當選舉產生。選舉方式有四種：功能團體選舉；由選舉團選舉，選舉團由在港的全國人大代表、政協委員和香港立法會議員組成；由立法機關選舉產生；由一個臨時性選舉委員會選舉。也有的認為行政長官應協商產生。協商的方式有兩種：由顧問局協商產生；由十人組成的特別委員會協商產生三名行政長官候選人，委員會成員 50% 來自立法局，50% 由在港的全國人大代表和政協委員產生。還有觀點認為，行政長官從高級公務員中挑選，由中央任命。關於行政長官的地位有兩種意見。一種觀點認為，行政長官是特別行政區的首腦，在行政長官下另設首席部長，相當於布政司的職位。另一種觀點認為，行政長官只是行政機關的首長，不能超越一切而變成特別行政區的首腦。

（3）關於行政機關和立法機關的關係，有各種不同的意見。有的比較強調行政的作用，認為要保持穩定，政權運作應以行政為主導。有的認為，行政機關向立法機關負責，就是立法機關有聽取政府的工作報告、批准財政支出和質詢權。有的認為行政機關向立法機關負責是指行政機關應當從屬於立法機關，前者制定政策，後者執行政策。還有一種意見主張三權分立，行政、立法和司法互相制衡。

（4）關於立法機關的產生辦法，有各種不同意見。有的認為應繼續保持立法局選舉所採用的功能團體選舉和地區間接選舉並行的制度。有的認為直接選舉容易導致香港政局不穩，因此反對直接選舉，但有的認為直接選舉有利於中產階級和草根階層參政。有的認為只有實行"民主化"才能抵制中央對特別行政區的干預。有的主張間接選舉和直接選舉相結合，以兼顧各階層的利益。

（5）關於是否建立政黨制度，有三種意見。一種堅決反對成立政黨，認為有政黨就會引起政局的不穩定，投資者就不會有信心；另一種觀點認為有政黨才能推動民主政治，沒有政黨就沒有普選。還有一種觀點認為，既不必提倡政黨，也不必禁止，而是聽其自然發展。

3. 基本法的解釋問題。對這個問題，大致有三種意見。一種意見認為基本法的解釋權應屬於香港法院，與終審權屬於香港特區法院相一致。另一種觀點認為，中國憲法規定法律的解釋權屬於全國人大，因此基本法的解釋權應屬於全國人大，但可以下放或委託一部分由香港法院解釋，全國性的問題由全國人大解釋，屬於香港的內部事務則由香港法院解釋。還有一種觀點認為，可設立專門機構解釋基本法，比如，有的主張在全國人大常委會之下設立一個基本法委員會，由香港和內地的專家組成，對基本法的解釋提出意見，供人大常委會決定時參考。也有的主張設立一個解釋基本法的類似憲法法院的法庭。

從香港調研回來之後，專家小組經整理還形成了一份文件：《有待研究的一些問題》。這份文件中列出的很多問題，反映了起草基本法時的諸多考慮。

有待研究的一些問題

一、序言部分

1. 歷史部分，如鴉片戰爭、三個不平等條約寫到什麼程度？

2. 基本法的地位，即基本法是不是特別行政區最高法律文件？

二、政權機構

3. 行政長官是位於行政、立法、司法之上，類似目前總督式的首腦，還是僅僅是行政部門的首長？

4. 行政長官的產生和職權。

5. 行政部門的組成。

6. 設行政委員會還是聯席會議或者其他？採取行政長官負責制還是委員會集體負責制？

7. 行政長官有無宣佈戒嚴權？特別行政區有無此權？

8. 駐軍出動的條件和手續？駐軍的法律地位問題。

9. 《中英聯合聲明》中提到的航空問題怎樣在基本法中表達？

10. 行政長官如何向中央人民政府負責？

11. 行政長官在國家政權機關中是否需要安排一定的職務？

12. 特別行政區怎樣參與國家事務？

13. 立法機關是否需要實行兩院制？

14. 立法機關怎樣選舉產生？

15. 立法、行政機關是一級還是兩級？

16. 立法與行政機關之間的關係。行政機關怎樣向立法機關負責？立法機關的職權範圍？僅僅是制訂法律的機關還是類似西方的議會？議會能否否決行政長官的決定？能否罷免行政長官？行政長官能否解散議會？

17. 政黨的合法性問題。

18. 香港地區的人民代表如何產生？要不要成立特別行政區人民代表大會？能否與立法機關合起來？採取什麼方式合起來？

19. 最高法院是否就是終審法院，還是要在最高法院外另設終審法院？

20. 司法機關的分級和職權。

21. 司法檢察工作是按現行，還是另外成立單獨的檢察機關？

22. 內地與香港的司法互助問題。

三、解釋與修改

23. 基本法的解釋權和修改權。要不要設立"基本法委員會"？如何組成？

24. 對香港現行法律或將來香港的立法，將由誰來判定是否違反基本法？中央對香港的立法有無否決權？

四、中央與地方的權力劃分

25. 如何具體規定中央與特區的權力劃分？

26. 中央怎樣體現對特別行政區的領導？國務院和外交部要不要在特別行政區派駐代表？

27. 中央各部委、內地其他省市與香港發生聯繫的方式、途徑？各省要不要在港設辦事處？各部門和各省市駐港機構在特別行政區成立後的地位？

五、其他問題

28. 香港特別行政區的土地屬於國家所有還是特別行政區所有？

29. 適用於香港的各種公約、條約的調查研究是由中英聯合聯絡小組辦還是起草委員會辦？

30. 需不需要過渡條款？要不要有過渡政權？

31. 如何對待類似包玉剛、黃麗松等中國血統的持外國護照者？

32. 在聯合聲明中表述為"原有……不變"、"現行……不變"一類的問題在基本法中怎樣處理？

33. 基本法與憲法的關係問題，憲法對特別行政區的適用問題。

34. 要不要重新劃定特別行政區的屬土、水域，並在基本法中表述出來？

五、諮委會

在草委會第一次全體會議上，草委們對在香港成立基本法諮詢委員會的問題進行了熱烈討論，並且基本上取得了一致意見。草委會決定委託在香港的 25 位草委發起籌組一個具有廣泛代表性的基本法諮詢委員會（簡稱"諮委會"），並請在香港的五位草委會副主任委員擔任召集人，由新華社香港分社予以協助。

　　發起人共召開了五次正式會議和一次特別會議。從開始籌組到諮委會成立，大致分為三個階段：（1）起草諮委會章程。在第一次發起人會議上，推選了以李福善委員為召集人的六人小組，負責起草諮委會章程。其他五名成員為毛鈞年、司徒華、李柱銘、廖瑤珠、譚惠珠。1985 年 9 月 7 日，發起人第三次會議通過了諮委會章程。（2）推薦諮委會成員。在發起人第三次會議上推選了以黃麗松為召集人的成員名單籌劃小組，其他成員為毛鈞年、查良鏞、鄔維庸、鄺廣傑、譚耀宗。成員名單籌劃小組參考了香港各類諮詢機構的組成辦法，經過諮詢和協商，提出了《諮委會成員產生辦法》，建議按界別劃分，暫定 150 個名額，並定出"推薦邀請"和"商定邀請"兩類人選的比例。成員名單籌劃小組的建議在第四次發起人會議上經討論修改後得到一致通過。11 月 19 日，在發起人特別會議上，成員名單籌劃小組提出了 150 個諮委會成員的推薦名單；由於"推薦邀請"人選和"商定邀請"人選提名踴躍，成員名單籌劃小組向發起人會議召集人建議增加 30 個名額，由召集人負責推薦工作。小組的推薦名單和建議得到會議的接受。在 11 月 23 日發起人第五次會議上，正式通過了 180 人的諮委會名單。(3) 諮委會正式成立。在第五次會議上，成立了諮委會臨時召集小組，成員包括包玉剛、李國寶、許家屯、費彝民，主要負責諮委會的成立和工作移交。發起人會議的工作到此已經結束，會後正式解散。臨時召集小組向候任諮詢委員發出邀請信，並徵得其本人同意參加諮委會。12 月 6 日，臨時召集小組主持了諮委會成立大會預備會議，會上各委員投票選舉了諮委會的執行委員。12 月 11 日，執行委員會舉行第一次會議，互選了主任、副主任、秘書長。

基本法諮詢委員會執行委員會

主　　任：　安子介
副 主 任：　王寬誠　　黃麗松　　楊鐵樑　　李啟明
　　　　　　郭志權
秘 書 長：　毛鈞年
執行委員：　江德仁　　吳康民　　阮北耀　　查良鏞
　　　　　　高苕華　　張健利　　郭元漢　　梁振英
　　　　　　黃保欣　　嘉道理　　廓廣傑　　羅德丞

1985 年 12 月 18 日，在《中英聯合聲明》簽署一週年前夕，基本法諮委會在香港成立，草委會姬鵬飛主任委員、李後秘書長參加了成立大會。諮委會 180 名委員來自工商、金融、地產、司法、法律、專業、教育、傳播媒介、勞工、公務員、學術、社會服務、街坊、社區、宗教界等各個界別，是香港極具代表性的一個縮影。根據諮委會章程規定：1. 諮委會與草委會並無隸屬關係和領導關係，共同為起草基本法貢獻力量。2. 諮委會的性質為民間諮詢組織。諮委會為香港各階層人士與草委會間的聯繫、溝通的橋樑和反映對基本法意見及建議的重要渠道。3. 諮委會的職能包括：廣泛收集各界人士對基本法的各種意見和建議，向草委會反映，亦即向全國人大常委會反映；接受草委會的諮詢；將收集到的意見及建議，進行整理和綜合分析，供草委會參考。4. 諮委會成員均以個人身份參加。5. 諮委會設立執行委員會，在諮詢委員會全體會議休會期間，全權執行會務，向全體會議負責。

在基本法起草過程中，諮委會做了很多工作，發揮了重要作用。比如，諮委會秘書處負責宣傳基本法和資料搜集工作，多次安排內地草委到香港聆聽各界意見，以及安排諮委到內地參觀考察。諮委會還設立會見市民制度，讓市民可以到諮委會秘書處表達意見。諮委會設立了八個專責小組，深入研究適合香港回歸後的各項安排，以便向草委會反映意見。後來，為便於與草委會進行對口交流，諮委會執行委員會解散了八個專責小組，重新組織了六個專責小組，分別為政制專責小組、法律專責小組、金融財務專責小組、中央與特別行政區的關係專責小組、居民及其他人的權利自由福利與義務專責小組、文化教育科技宗教專責小組。從 1987 年開始，基本法的草擬進入條文化階段，草委會各專題小組的香港負責人在每次小組會議後，即與諮委會專責小組舉行交流彙報會，使諮委會成員及時了解起草的最新進展，並及時向草委會作出回應。1990 年 4 月 19 日，基本法諮委會召開最後一次全體會議，宣佈諮委會工作已圓滿完成。按照章程規定，諮委會在 4 月 30 日解散。

六、專題小組

（一）專題小組的成立

　　草委會第二次全體會議通過了《草委會工作規則》。我印象深刻的是，四位草委對該《工作規則》投了反對票，這四位草委是：容永道、李柱銘、劉皇發、鄭正訓。《草委會工作規則》第 4 條規定，"起草委員會認為必要時，可以設立專題小組，對起草工作中的重大問題進行專題研究。" 根據這一規定，草委會第二次全體會議通過了《中華人民共和國香港特別行政區基本法起草委員會關於設立專題小組的決定》，決定設立五個專題小組：中央與香港特別行政區的關係專題小組（包括特別行政區對外事務，基本法的解釋、修改）；香港特別行政區的政治體制專題小組（簡稱政制小組）；香港特別行政區居民的基本權利和義務專題小組；香港特別行政區的經濟專題小組；香港特別行政區的教育、科學、技術、文化、體育和宗教專題小組（包括區旗、區徽問題）。設立專題小組的決定，獲得一致通過，沒有反對票。

專題小組的劃分，主要以基本法結構草案的各章為基礎，但考慮到草委人數有限，不宜每一章劃分一個專題小組，因此，只成立五個專題小組，把一些相近的或有聯繫的章節和問題合併放在一個專題小組內。專題小組的任務是對有關專題進行調查研究，然後向草委會全體會議提出對這些專題的報告和方案。鑒於每個專題小組都由內地和香港兩部分委員組成，兩部分委員不可能常年聚在一起，因此，專題小組的工作需要有分有合，哪些事情集中起來做，哪些事情分散做，各小組自行安排。

專題小組名單

一、中央與香港特別行政區的關係專題小組
（包括特別行政區對外事務、基本法的解釋和修改）

負　責　人：邵天任　黃麗松

成　　　員：王鐵崖　李　後　李柱銘　吳建璠

　　　　　　陳　楚　周　南　鄭正訓　柯在鑠

　　　　　　查濟民　容永道　魯　平　裴劭恆

　　　　　　廖瑤珠　譚惠珠　譚耀宗

工作人員：陸雨村　賀錫嘉　段燕方　駱偉建

二、香港特別行政區居民的基本權利和義務專
題小組

負　責　人：李福善　王叔文

成　　　員：廓廣傑　劉皇發　陳　欣　林亨元

　　　　　　釋覺光　譚耀宗

工作人員：蔣維屏　許曉華

三、香港特別行政區的政治體制專題小組

負　責　人：查良鏞　蕭蔚雲

成　　　員：毛鈞年　司徒華　劉皇發　許崇德

　　　　　　李　後　李柱銘　李福善　張友漁

　　　　　　鄭偉榮　項淳一　查濟民　黃麗松

　　　　　　黃保欣　魯　平　雷潔瓊　廖瑤珠

　　　　　　　　端木正　譚惠珠

　　工作人員：梁子馴　廉希聖　葉晃德　徐　澤

四、香港特別行政區的經濟專題小組

　　負　責　人：勇龍桂　黃保欣

　　成　　　員：芮　沐　李裕民　李嘉誠　吳大琨

　　　　　　　　查良鏞　賈　石　容永道　廖　暉

　　　　　　　　霍英東

　　工作人員：張祥霖　黃　光

五、香港特別行政區的教育、科學、技術、文化、體育和宗教專題小組（包括區旗、區徽問題）

　　負　責　人：錢偉長　馬　臨

　　成　　　員：毛鈞年　司徒華　鄒維庸　許崇德

　　　　　　　　釋覺光

　　工作人員：魏定仁　陳廣明

（二）工作進度安排和工作基礎

1. 工作進度安排

　　草委會第二次全體會議不僅劃分了五個專題小組，還確定了專題小組的工作進度安排：（1）在草委會第三次全體會議上，各專題小組報告工作並進行初步討論。這就要求在草委會第三次全體會議之前，各專題小組要把工作報告交給草委會主任委員。（2）從草委會第四次全體會議開始，分批討論專題。各專題小組報送專題報告和方案的時間是：中央與特別行政區關係、居民的基本權利和義務兩個專題應在第四次全體會議前報送；政治體制專題應在第五次全體會議前報送；經濟和科學教育文化兩個專題應在第六次全體會議前報送。

2. 工作基礎

除了確定了專題小組之外，草委會第二次全體會議的另一項重要工作是通過了《基本法結構（草案）》。在會議期間，草委們對《基本法結構（草案）》討論稿提出了很多意見，這些意見很多都吸收在了獲得通過的《基本法結構（草案）》中，但還有一部分意見未列入其中。根據草委會的決定，草委會秘書處將所有未列入其中的意見，都彙集起來，印成了《供專題小組研究的參考意見（備忘錄）》。這表明了草委會對每一條意見建議的慎重態度，生怕遺漏了有價值的想法。也就是說，專題小組下一步開展工作的基礎文件有兩個：《基本法結構（草案）》和《供專題小組研究的參考意見（備忘錄）》。

（三）專題小組的工作情況

因為當時我是政治體制專題小組的工作人員，對於這個專題小組的工作情況比較熟悉，所以選擇政制專題小組為例，看一下專題小組的工作情況。從政治體制小組提交給草委會第三次全體會議的工作報告，可以看到專題小組的日程安排很滿，基本上是按照草委會第二次會議確定的工作進度來安排工作。

1986 年 11 月 8 日，政治體制專題小組向草委會第三次全體會議提交工作報告。該報告首先說了一下草委會第二次全體會議之後該專題小組的工作情況：1986 年 4 月 22 日，舉行了第一次小組會議，通過了小組的負責人，討論了專題小組的工作計劃和會議程序。會議認為，本小組的任務是在今後大約一年時間裏草擬出本專題的具體條文和方案，提交草委會第五次全體會議審議。本組工作大體分為兩個階段：（1）從 1986 年 6 月到第四季度，對本專題進行初步研究，並向草委會第三次全體會議提出工作報告。（2）從草委會第三次全體會議到第五次全體會議，提出本專題的條文初稿。6 月 29 日至 7 月 1 日，舉行了第二次專題小組會議，譚惠珠、端木正委員提交了關於香港現行政制的報告，內容包括香港政制、司法機關和公務員體制三個部分。8 月 24 日至 26 日，舉行了第三次專題小組會議，查良鏞、蕭蔚雲委員分別提交了關於香港各界人士對未來政制的意見的報告。查良鏞的報告包括立法機關的組成、產生辦法、職權、組成人員的資格和任期、會議的召集和立法程序、行政機關和立法機關的關係、以及區域組織等七個部分。蕭蔚雲提出的報告包括香港各界人士對未來行政長官的產生的 26 種意見、對行政長官的職權以及行政機關與立法機關的關係的意見。在這次小組會上，李福善委員還提交了關於香港司法制度的報告，另一位委員作了公務員制度的介紹。9 月 10 日至 9 月 25 日，小組內地草委蕭蔚雲、雷潔瓊、張友漁、項淳一、端木正到香港進行了調查研究，[1] 同基本法諮委會執委、顧問、部分諮詢委員，以及全國人大代表、政協委員、司法界、律師界、學術界、工商界、勞工界、公務員、市政局議員、區議會議員、大專學生、基層團體、政見團體等進行了十六次座談，參觀了立法局、最高法院和一個區議會，通過座談和參觀更加深入、具體地了解了香港各界人士對未來政制的意見。11 月 6 日至 8 日，專題小組舉行了第四次會議，討論並通過了向草委會第三次全體會議的報告。然後，該報告介紹了通過幾次小組會議，草委們取得的共識、存在的不同意見和需要進一步研究的問題。

1　這次去香港調研，我、梁子馴、徐澤作為政制小組的工作人員隨行。

　　從 1986 年 11 月草委會第三次全體會議到 1987 年
12 月第六次全體會議，各專題小組先後完成了基本法
各章初步條文的起草工作。草委會第六次全體會議對各
章條文進行了討論，並決定成立以草委會副主任委員胡
繩、包玉剛為首，各專題小組負責人和正副秘書長參加
的總體工作小組，負責從總體上對各專題小組起草的條
文進行調整和修改，然後提交草委會第七次全體會議審
議、通過。

　　在此之後，政制專題小組比較重要的幾次會議，都
是在基本法草案“兩下兩上”（本書第四章對此有介紹）
的徵求意見過程中召開的，會議內容是對徵求到的意見
進行研究。

　　1988 年 9 月，政制專題小組內地草委前往香港就
《基本法（草案）徵求意見稿》會見香港各界人士時，政
制小組的在港成員舉行了一次座談會，各位委員委託蕭
蔚雲委員和查良鏞委員起草一份工作文件，以供小組第
十六次會議使用。但由於諮委會收到的意見和建議數量
很大，總數共達 73765 份，除去與徵求意見稿無關、重
複、匿名及要求取消者外，尚有 72632 份，諮委會秘書
處以極高的效率整理這七萬多份意見，歸納成五份報告
書。關於各條文的具體意見 10 月 6 日才交給查良鏞委

員，因時間上來不及與蕭蔚雲委員事先商討，查良鏞委員自行草擬了工作報告。1988 年 10 月 19 日至 22 日，政制小組在廣州召開第十六次會議，討論《基本法（草案）徵求意見稿》發表後各界人士所提的意見和建議。

1989 年 12 月，草委會各專題小組先後在廣州舉行會議，對草委會秘書處整理的《內地各界人士對基本法（草案）的意見彙集》和諮委會整理的《基本法（草案）諮詢報告》進行了研究，對各專題小組起草的各章條文進行了進一步的修改。1990 年 1 月，政制小組還多開了一次會，會議期間，香港社會提出各種不同方案（包括"四四二"方案和"一會兩局"方案）。經過討論和爭論，政制專題小組對基本法政治體制一章又作了一些修改。至此，專題小組的工作基本結束。

七、起草後期

（一）《基本法（草案）》的最後修改

1989 年 1 月 26 日，草委會第八次全體會議對準備提交全國人大常委會的《基本法（草案）》進行表決。會議首先表決修改提案，然後表決條文。草委們先後提出了 58 項修改提案，經過無記名投票表決，結果 12 項提案獲得全體委員 2/3 多數贊成，被正式納入或取代《基本法（草案）》的有關條文。草委會根據部分草委的建議，將未通過的修改提案隨《基本法（草案）》一併附送全國人大常委會。隨後，會議對《基本法（草案）》的條文逐項以不記名投票方式進行表決，除第 19 條（關於司法管轄問題）外，所有條文都以全體委員 2/3 多數通過。

1990 年 2 月 13 日至 17 日，草委會舉行第九次全體會議，通過了提交全國人大常委會的《基本法（草案）》。鑒於草委會第八次會議已經對《基本法（草案）》逐條進行了表決，且除第 19 條外均獲得通過，這次對條文的修改，一律採取提出修改提案的方式。如修改提案以全體委員 2/3 多數通過，即代替原條文，否則就維持原來的條文。此次會議通過了各專題小組提出的 24 個修改提案，其中包括上次會議唯一沒有通過的第 19 條。

2 月 16 日，草委會主任委員擴大會議審議通過了對《基本法（草案）》的一些文字修改意見：

一、序言第二段最後一句 "我國政府" 改為 "中國政府"。

二、第 21 條第 2 款 "香港居民" 改為 "香港特別行政區居民"。

三、第22條第2、3款"在香港設立……"改為"在香港特別行政區設立……"。

四、第31條"香港居民有旅行和出入境的自由，持有效旅行證件的香港居民，除非受到法律限制，……"改為"香港居民有旅行和出入境的自由。有效旅行證件的持有人，除非受到法律制止，……"。

五、第39條第2款"香港居民享有的權利和自由，除依法規定外不得限制"之後的句號改為逗號。

六、第53條"依上述順序"改為"依次"。

七、第61條"香港永久性居民"改為"香港特別行政區永久性居民"。

八、第88條第1、2款"如無力履行職責或行為不檢，行政長官可……"改為"只有在無力履行職責或行為不檢的情況下，行政長官才可……"。

九、第89條第2款"還須由行政長官徵得香港特別行政區立法會同意"改為"還須由行政長官徵得立法會同意"。

十、第148條"及有關國際團體……"改為"及國際的有關團體……"。

　　十一、第 153 條第 1 款 "並載明持有人有返回香港的權利" 改為 "並載明持有人有返回香港特別行政區的權利"。

　　十二、第 156 條第 4 款 "只能在香港設立民間機構" 改為 "只能在香港特別行政區設立民間機構"。

　　2 月 17 日，姬鵬飛主任委員致閉幕詞。他指出，會議期間，我們對《基本法（草案）》進行了最後的修改和完善，經過反覆討論，並採取無記名投票表決的方式，有 24 個修正提案獲得全體委員 2/3 以上多數通過，取代了第八次全體會議通過的相應條文、附件或附錄。在上次全體會議未獲通過的草案第 19 條，在這次會議上獲得了通過。會議決定，把經過修改的《基本法（草案）》提交全國人大常委會，並經人大常委會審議決定提交七屆全國人大三次會議審議。等基本法頒佈後，我們面臨的一個新任務就是要使基本法在香港和全國其他地區深入人心，也就是使 "一國兩制" 的偉大構想和中央對香港的一系列方針政策深入人心。各位都曾為起草這部基本法付出了辛勤的勞動，耗費了大量的時間和精力，希望今後也同樣能為推廣和維護基本法作出自己的貢獻。

（二）草委繼續發揮作用

1990 年 4 月 4 日，香港基本法通過後，草委會的工作也就完成了。這裏有個插曲，早在草委會第一次全體會議期間，就有委員提出，應對委員的任期作出規定。姬鵬飛在草委會第一次全體會議的總結發言中回答了這個問題："起草委員會是為了起草基本法這個特定任務而設立的，它不是一個長期存在的機構。人大常委會委任我們擔任起草委員會的委員，就是要我們一直工作到完成基本法的起草任務為止，任務完成了，委員的任期也就結束了。"

草委會起草基本法的任務完成之後，草委們繼續關注香港基本法的實施問題，展開了相關研究工作，以其他方式參與到基本法的研究和實施進程中去。為了凝聚基本法研究力量，1990 年 12 月 20 日，中國法學會香港法律研究會成立，成立這個研究會的目的在於組織和推動有關專家、學者，以"一國兩制"方針為指導，開展對香港法律的研究，促進學術交流，為香港基本法的實施和我國社會主義現代化建設服務。在研究會成立大會上，選舉姬鵬飛為研究會名譽會長，王漢斌、張友漁、李後、端木正、王鐵崖、李福善、廖瑤珠等為顧問，邵天任為會長，王叔文、蕭蔚雲、吳建璠、許崇德等為副會長，許崇德兼秘書長，王鳳超為副秘書長，並選出該會理事 38 人。1991 年 11 月，香港法律研究會召開成立後的第一次年會。在這次會議上，不少專家的發言令我印象深刻，他們對很多問題的思考對我們今天理解基本法也很有啟發意義。

吳建璠談了香港終審法院問題：

這個問題的背景：英方擬提早實現終審權。因為缺乏經驗，這樣做也有利於平穩過渡，故中方同意，專家會議已開了四次。原則問題在中英聯合聯絡小組很快達成協議：可以在過渡期成立；要與基本法銜接；中英雙方磋商，不單方面行動。但在兩個問題上有困難：法院組成上，海外法官的比例問題；時間表，英方擬 1992 年成立。

中英聯合聯絡小組第十次會議原則協議：首席法官 1 人，常設法官 3 人，餘下 1 人從兩個非常設法官名單中產生。隨後，兩個律師公會提出：4 比 1 的人數安排違反聯合聲明；認為人數問題應由法院解決，現規定損害了司法獨立；未徵求他們的意見。接著香港立法局開了個內部會議，以 38 票贊成、2 票反對、5 票棄權，通過了一項決議，認為 4

比 1 的人數安排沒有彈性；主張 1993 年即成立終審法院。立法局還提出如果政府干預將產生憲制危機，且此類法例將不會被通過。

那麼，中英聯合聯絡小組達成的協議對海外法官的比例規定違反聯合聲明和基本法嗎？他們認為聯合聲明寫法很有彈性，即需要多少海外法官就請多少海外法官。實際上該條規定的中心是"可邀請"、"根據需要"。而且聯合聲明的精神是恢復行使主權、港人治港，故而海外法官不能為主。

吳建璠認為有三個點值得注意：

（1）為什麼非一名而不能兩名海外法官呢？因為常設法官中已含有外籍法官。（2）憲制危機問題。"司法獨立"指的是審案中的獨立，法律規定海外法官的限額並未影響司法獨立，法院應執行法律。（3）秘密協議問題。兩個政府的談判一般都是保密的，故指責這是秘密協議的說法不能成立。

此次風波是有人策劃的。比如，港英布政司霍德（David Robert Ford）說，法官的比例可以改。英國外交部發言人說，中英聯合聯絡小組不是決策機構，港英政府有權決定。也有人說這是不得已。他們這樣做的目的是把責任推卸給中方，打民意牌，使他們處於有利地位。

對這一問題的前景預測：中方的觀點是，正如魯平說的，指望海外法官不符合"港人治港"的精神。英方表示信守協議，無意重新討論。

黃毓麟提出：

《人權法案條例》和終審法院問題的風波，均為英方所策劃，其目的是通過這兩個渠道，限制1997年之後的行政權。比如，《人權法案條例》授予法院以更大的司法權力，一個地方法院的法官即可改變違反《人權法案條例》的立法。又如，終審法院問題交由立法局通過（如果按照《王室訓令》，此類法案總督無權提出），藉此否定中英兩國政府的協議。這兩個方面都旨在削弱行政權。

王鳳超提出：

香港過渡期後半段法律方面的主要任務是：

1. 制定必要的有關中央管理的事務的法律。2. 審查香港原有成文法律。3. 立法準備工作，對立法動向的跟蹤研究。補充適用於香港的法律包括：（1）駐軍的法律。爭取現有立法經適應化後，1997後適用。（2）外交的法律。原有法律大致有兩類，是否要制定外交法律，還是適應化要考慮。（3）國際公約的保留問題。也分為三種情況：我國已參加；我國有保留的；我國未參加的。這個問題要進行研究。（4）國籍法的適用問題。如公務員必須中國籍，是否需要變通？居民國籍的確認問題，可以細則辦法規定。（5）香港全國人大代表的選舉辦法。選民如何登記，以何種方式選舉？（6）香港永久居民的定義解釋，內地人進出香港問題的解決。（7）基本法委員會的成立，1997年前應準備。是否制定基本法委員會的工作程序？（8）區域地圖問題。（9）香港立法的備案問題。解釋基本法的程序。（10）區旗區徽使用辦法。製作辦法誰來管？以上屬於中央管理的事務。特區成立後也可能會有必須立法的問題，雖然中央不能包辦，但如果不提出處理辦法，將出現法律真空，我認為原則有二：儘量適應化；影響不大的，可待特區成立後立法，有的法律則不能出現真空，如叛國罪。對於以上的法律問題，可採取以下方式開展研究：屬於中央管理的事項，由有關部門研究；國務院港澳辦組織人力，限定時間研究，提供意見後由有關專家討論，供領導參考；專題研究；加強法律適應化問題研究；等等。

（三）香港基本法委員會的設立

考慮到香港基本法生效以後，須有機構就基本法若干條款實施中的問題進行研究，並向全國人大常委會提出意見，1989 年 1 月 14 日，草委會向全國人大常委會提出《關於設立全國人大常委會香港特別行政區基本法委員會的建議》。根據該建議，香港基本法委員會是全國人大常委會下設的工作委員會。其任務是就有關香港基本法第 17 條、第 18 條、第 158 條、第 159 條實施中的問題進行研究，並向全國人大常委會提供意見。其成員十二人，由全國人大常委會任命內地和香港人士各六人組成，其中應包括法律界人士，任期五年。1990 年 4 月 4 日，七屆全國人大三次會議通過《關於批准香港基本法起草委員會關於設立全國人大常委會香港特別行政區基本法委員會的建議的決定》，決定在香港基本法實施時，設立全國人大常委會香港特別行政區基本法委員會。

第三章

起草涉及的幾個難題

　　由於起草香港基本法是一項無先例可循的偉大事業，草委會只能摸著石頭過河，邊起草邊學習。雖然在基本法起草過程中遇到了不少法律上的難題，但通過內地草委、香港草委的集體智慧以及有關方面專家和有關部門的配合，較為妥善地解決了這些難題，為基本法的起草掃除了障礙。下面我主要談一下七個方面的難題及其解決。當然這也是一種階段性的解決，還需要繼續加強研究。

一、憲法在香港的適用

　　中央與香港特別行政區關係專題小組遇到的第一個難題就是憲法和基本法的關係問題。所謂憲法和基本法的關係問題，就是憲法對香港特別行政區有何法律效力的問題，這是一個香港草委討論較多且最為關注的問題。香港人提出這個問題，主要是由於對中央今後會不會憑藉憲法把社會主義制度的政策搬到香港存有疑慮，他們想通過明確憲法與基本法的關係，從法理上堵塞這種可能性。

香港方面對這個問題提出了種種主張，其中主要有以下幾種：1. 憲法不適用香港。這個說法只承認憲法是基本法的法源，而認為憲法本身對香港是不適用的。2. 基本法是香港的最高法律。這個說法同前一個主張的意思一樣，只是不明說憲法不適用香港，而將這層意思隱含在裏面。3. "四角原則"說。這個說法的含義是：基本法的解釋以基本法的"四角"亦即其本身為限，不需要從外面尋找根據。這實際上也是憲法不適用於香港的意思。4. 在基本法中列明憲法哪些條文適用於香港，哪些條文不適用於香港。5. 修改憲法第 31 條，明確規定特別行政區可以實行不同於憲法的制度。6. 由全國人大常委會通過決議對憲法第 31 條作出解釋，確認憲法第 31 條中所說的制度可以不同於憲法規定的國家根本制度。7. 把基本法作為憲法的附錄，使它取得與憲法同等的地位。

香港方面提出的辦法中，有一些顯然是不合理的。憲法的某些具體條款可以不適用於香港，但憲法作為一個整體不能說不適用於香港，否則就會違背主權原則。

"基本法是香港的最高法律"和"四角原則",也都有同樣的問題。基本法是根據憲法制定的,基本法的法律效力低於憲法,在基本法中規定憲法哪些條款適用於香港,哪些條款不適用於香港,這是不合理的,而且要想作出此項規定,也還存在實質性和技術性困難。要求提高基本法的地位,使它成為憲法的附錄也是不合理的。

為了解決有關法律難題,中央與香港特別行政區關係專題小組成立了一個"五人法律小組"進行研究。"五人法律小組"成員包括王鐵崖、廖瑤珠、李柱銘、譚惠珠、吳建璠。"五人法律小組"就憲法和基本法的關係開了多次會進行專門討論。比如1986年9月27日至28日在深圳開了一次會,在會議上他們交流了各自的意見。

吳建璠談了下對憲法與基本法的關係及其他問題的看法,主要內容如下:

1. 憲法作為國家的根本大法,對全國都適用,香港也不例外。"憲法不適用於香港"、"基本法與憲法脫鈎"、"憲法擱置五十年"等等論調都是不正確和不能接受的。

2. 憲法作為一個整體必須適用於香港,但它的某些具體條文可以對香港不適用。大體說來,有兩類這樣的條文：一是關於社會主義制度與政策的條文；二是同香港實行高度自治有抵觸的條文。由於香港自行管理財政、經濟、教育、科技、文化、體育、衛生、民政、公安、司法行政、監察等工作，憲法第89條第6、7、8款關於國務院領導和管理這些工作的規定對香港即不適用。又憲法第三章第五節"地方各級人民代表大會和地方各級人民政府"、第七節"人民法院和人民檢察院"，也因香港有自己的政治和司法制度不適用於香港。

3. 基本法規定香港實行高度自治，上述意思即包含在裏面，不說也是清楚的。但為了解除某些人的疑慮，可以考慮在基本法內或在基本法外或二者同時以適當形式將上述意思表達出來。關於基本法內的表述形式，譚惠珠女士提出了一個很好的方案。關於基本法外的表達形式，香港有人提出在通過基本法時，由全國人大作出一項決定，闡明"一國兩制"的精神，並宣佈憲法關於社會主義制度和政策的規定將不適用於香港，這個辦法也是可以考慮的。

4. 全國人大及其常委會有權就不屬於香港高度自治範圍的事項為香港制定法律，或將全國性法律適用於香港。國務院也有權就不屬於香港高度自治範圍的事項向行政長官發佈指示或命令。

5. 除緊急情況外，中央在為香港立法或將法律適用於香港時，事先將與香港磋商。

6. 今後應該有一個程序，用來解決中央人民政府和香港特別行政區政府之間的爭議。從憲法所規定的中央國家機關的職權來看，處理此類爭議的機關以全國人大常委會最為適當。在全國人大常委會之下，可以考慮設立一個委員會，其中包括內地和香港的法律專家，就爭議事項向全國人大常委會提供意見和建議，最後由全國人大常委會決定。

以這次會議上吳建璠提出的憲法和基本法關係的六點內容為基礎，草委們最終達成一個基本共識，即憲法是國家的根本大法，具有最高的法律效力，對全國任何一個行政地區都是適用的，對香港特別行政區也不例外，但由於實行"一國兩制"，憲法中某些具體條文，主要是關於社會主義制度的規定，將不在香港特別行政區適用。在取得上述共識後，接著要解決的是如何把這層意思在基本法裏體現出來。有人要求明文規定憲法哪些條文適用於香港特別行政區，哪些不適用，但草委會經過研究，不同意這種辦法，理由是：基本法是根據憲法制定的，由它來規定憲法條文對香港特別行政區是否適用，於理不合。此外，憲法條文的情況很複雜，對有些條文比較容易判斷對香港特別行政區是否適用，但對更多的條文卻不能簡單回答適用或不適用，若要一一開列出來，在技術上也是難以做到的。最好的辦法是從正面規定香港特別行政區的制度和政策是以基本法為依據的，這就包含了憲法這方面的規定不適用於香港特別行政區的意思。到此，關於憲法和基本法關係的爭論暫時告一段落。

我認為：

第一，應當明確，憲法在香港的適用問題是與“一國兩制”相關聯的問題。憲法作為一個整體對特別行政區是有效的，但由於實行“一國兩制”，憲法的某些條文不適用於香港。其實這一內容已在基本法序言中有所表述，但序言有無法律效力在理論上還是個值得探討的問題，因此香港委員希望將此內容寫入基本法的正文部分。在這種情況下，最終通過的基本法第 11 條正面規定：“根據中華人民共和國憲法第三十一條，香港特別行政區的制度和政策，包括社會、經濟制度，有關保障居民的基本權利和自由的制度，行政管理、立法和司法方面的制度，以及有關政策，均以本法的規定為依據。"
這樣寫包括了兩點內容：制定基本法的法律依據是憲
法；憲法關於社會主義制度和政策的規定不適用於香港。

第二，憲法與基本法的關係包括四個方面的內涵。
（1）憲法是國家主權的法律表現形式。從法理上講，一
個主權國家的憲法效力都要及於本國的領土範圍及該國
的所有公民。（2）香港特別行政區是中央政府管轄下的
一個地方區域，它與中央政府存在著從屬關係，因此，
基本法僅作為香港特區的憲制性文件而存在，雖然憲法
與基本法共同構成香港特區的憲制基礎，但這並不意味
著基本法與憲法具有同等的法律地位。（3）基於"一國
兩制"的方針，憲法第 31 條、基本法第 11 條的規定只
是表明憲法的某些具體條款可以不適用於香港，但憲法
作為一個整體不能說不適用於香港，否則就會出現國家
的根本大法對從屬它的某個區域不適用的現象，這同主
權原則是相違背的。（4）基本法與憲法的關係，決定著
維護基本法權威的職責。香港社會出現的一些矛盾和爭
議包括"人大釋法"、23 條立法、政改等，這些問題都
涉及到基本法作為香港特區憲制基礎的地位和作用，而
香港的憲制基礎是和憲法相關聯的，憲制基礎被動搖，
國家和香港的法治都會受到巨大衝擊。

二、剩餘權力

　　所謂"剩餘權力"，是指基本法未作規定的權力。香港有不少人提出，基本法應規定"剩餘權力"歸香港特別行政區所有。這種主張是不合理的。我記得，當時梁子馴提出，這些要求不合理的道理在於：基本法是授權法，而非分權法；聯邦中的剩餘權力主要是立法權，香港已有完全的立法權；基本法結構（草案）列明未來可再授權給香港特區。

　　"剩餘權力"通常發生在聯邦制國家。各邦本是主權國家，在組成聯邦時，各自將一部分權力交給聯邦掌管，但仍保留未交出的權力，因此"剩餘權力"歸各邦是合理的。我國的情況根本不同。我國是單一制的國家，香港特別行政區的高度自治權不是它本身固有的，而是中央授予的。中央授予香港多少權力，已在基本法中載明；某項權力在基本法中未作規定，即表明未授予香港。在這種情況下，根本不存在"剩餘權力"的問題。如果說還有"剩餘權力"的話，那它就是中央固有的權力，只能屬於中央，而不能歸香港特別行政區所有。在草委會第二次全體會議上，內地草委同香港草委就這個問題交換意見，香港草委如李福善、譚惠珠、一位反對派委員都承認香港沒有"剩餘權力"，但仍有一些委員還堅持"剩餘權力"歸香港的主張。

考慮到香港方面的疑慮,最終在基本法結構(草案)中列入一條,規定全國人民代表大會和國務院授予香港特別行政區的其他職權。對目前難以確定的權力,可以由香港特別行政區向中央提出來,經將來準備設立的基本法委員會研究後,建議全國人大或國務院對香港特別行政區作臨時性或永久性的授權。當時《明報》發表了一篇文章,對"剩餘權力"的問題寫得比較詳細,很有參考價值。

1. 問題的提出

主要是由聯合聲明所引申出來的一個權力範圍。

"聲明"第三條第二項說:"除外交、國防事務屬中央政府外,香港享有高度自治權。"因此,有人提出,除外交、國防外,其餘所有權力均屬特區所有。後來,又有人提出,根據附件一第一節中"除外交和國防外,香港享有四權",提出三個層次和範圍的分權方法:(1)涉及主權和國家整體利益的事務(如外交、國防),由中央政府擁有;(2)涉及特區的內部事務和涉外事務的權力,由特區政府擁有;(3)除上述兩範圍之外的"灰色地帶",稱之為"剩餘權力範圍",全歸特區政府所有。後一種說法，表面上和前一種說法不同，實際上一樣，即要求除了第一個層次的權力歸中央外，其餘全歸特區所有。

2. 剩餘權力的爭論

為什麼有關"剩餘權力"的概念會引起如此大的爭論呢？主要由於對聯合聲明中"香港享有高度自治權"有不同解釋。

主張剩餘權力全歸特區者認為，所謂的"高度自治"，必須是特區政府在基本法所規定的自治事務範圍內，有全權決定一切，中央政府無權干涉；而所謂的"權力劃分"，就是界定自治事務的範圍。因此，中央和特區的權力，劃分得越清楚越好，以免將來有糾紛。

其次，為了保證"高度自治"，特區所擁有的權力，當然是越多越好。既然"聲明"已訂明中央和特區的權力分配，外交、國防歸中央管，那麼，順理成章，除外交、國防事務以外的權力，不論訂明的或未訂明的，都應歸特區。如果現在不寫明，將來出現應屬特區的，中央政府不給，那特區的自治，也便沒有了保證。

3. 權力由中央賦予

持相反觀點的人則認為，所謂"剩餘權力"，是聯邦國家的產物。各成員邦在組成聯邦時，在以上列舉了授予聯邦政府的權力，並規定未授予聯邦政府及未禁止各成員邦實行的權力，由各成員邦保留，稱之為剩餘權力。各成員邦的"剩餘權力"，主要是處理邦內事務管理範圍的權力，如工商業、交通、衛生、文教、公安、選舉以及一般民、刑事案件。中國是單一制國家，自治地方的自治權並不是地方本來就享有的，而是中央授予的，將來香港特區也是一樣，所以不存在"剩餘權力"問題。正如香港政府現在所擁有的一切權力，都是英女皇賦予的，未賦予港府的權力都是歸英皇一樣。

其次，"聲明"所訂明的香港特區所享有的高度自治權，已比任何聯邦國家的成員邦的"剩餘權力"範圍大得多，除享有政治制度方面的行政管理權、立法權、獨立的司法權和終審權之外，還在經濟制度方面（如財政、金融、貨幣、關稅等範圍）和部分對外事務方面（如對外貿易、民航協定、出入境管制等範圍）享有自治權。換句話說，中央政府已將能列明的並應給予特區政府的權力都給了，如果在這之外還有其他未訂明屬於誰的權力，自然歸中央政府。

4. "灰色地帶" 權力

　　從法學角度看，提出剩餘權力歸特區政府的人，他們的憂慮有一定的道理。的確，如特區只在行政管理上享有高度自治權，而中央仍保留向特區發指示、命令的權力，那就很難保證自治，但要求將外交、國防以外的剩餘權力全歸特區的提法是違反聯合聲明的，因為聲明還規定中央政府有行政長官和主要官員的任命權。這個提法的不妥之處還在於：如果特區發生內亂或政變，中央政府又無權干預，豈不等於保障政變？由此可見，在國家主權範圍和特區自治權範圍之間，的確存在所謂的"灰色地帶"，這個"灰色地帶"如果列明中央無權干涉，將引起嚴重的政治後果。它所以為灰色就因為它不能簡單地、清楚地界定應該是由中央政府或特區政府全權處理，如能列明，就已不是"灰色地帶"。

　　由於灰色地帶同時涉及中央和特區的權力範圍，完全由中央處理，而特區無權參與，這對特區不公平，反之，中央無權過問，也不切實際。凡涉及灰色地帶的權力範圍的問題，都應由中央及特區按事件的性質，共同協商，解決在該事件處理上的權力分配，只能是一刀刀切，而不是一刀切。

在需要進行分配灰色地帶權力時，屬於特區政府的權力範圍，是應該由中央政府授予呢，還是無需中央授權而自動享有呢？從法理上講，全國人大是最高國家權力機關，聲明清楚規定，"香港特區直轄於中央政府"。因此，特區政府的一切權力，包括其可以享有的高度自治權及"灰色地帶"中應屬特區政府的權力範圍，都是由全國人大及中央政府授予的，即特區不能自動享有"灰色地帶"中涉及特區自治權範圍的權力，也不應自動享有由確定的自治範圍內引申出來的其他有關特區自治的權力。

5. 解決辦法

基本法結構（草案）第二章中有一條關於授權的規定。這就等於說，將來的特區政府還可享有基本法未明文規定的某些"灰色地帶"範圍的權力，但需由中央政府授予，而非自動享有。

三、全國性法律的適用

關於全國性法律在香港的適用問題，1986 年 9 月 27 日至 28 日 "五人法律小組" 在深圳開的一次會議上，五位專家交流了各自的意見。

廖瑤珠提出了它的兩個 "法律區" 和 "納入說"。

她的大致主張如下：

1. 香港和內地是各有其不同法律體系的兩個"法律區"。

2. 今後將有很多中央的法律要在香港適用，但由於《中英聯合聲明》附件一規定，香港實行的法律為基本法、香港原有法律和香港特區立法機關制定的法律，因此中央的法律要在香港實行，必須經過一道"納入"程序。

3. 所謂"納入"，就是使之成為香港法律體系的一部分。納入分兩種：一是直接或自動納入，即中央的法律一經公佈即自動納入香港法律體系，不需要經過香港同意；二是間接納入，要經過香港的同意。

4. 由於兩種法律體系不同，在納入時可能要對法律的文字作某些修改，使之符合香港的法律習慣，但法律的原意不能變。

5.（法律位階）高於基本法的法律，如憲法，不需要納入，但憲法在香港只"生效而不適用"；（法律位階）同於或低於基本法的法律則需要納入。

6. 由於是兩個法律體系，中央的法律不經過納入，香港不知道是否應該遵守。

對廖瑤珠的主張，吳建璠提出了以下意見：

1. 香港和內地是兩種法律制度，這是沒有問題的，問題是能否把香港和內地看作兩個對等的"法律區"。香港是一個地方行政區，香港的法律制度是一種地方性的法律制度，而內地的法律制度則是從中央到地方的全國性法律制度。二者不相等，至為明顯。

2.《中英聯合聲明》附件一的話不能理解為香港實行的法律只限於基本法、香港原有法律和香港特別行政區立法機關制定的法律。從《中英聯合聲明》來看，聯合聲明中提到"香港的中國公民"，什麼叫"中國公民"要依照中國的國籍法，可見國籍法對香港要適用。聯合聲明規定，國防與外交由中央直接管理，中央在這兩個方面制定的法律，難道對香港不適用？香港享有的立法權以高度自治的範圍為限，這個範圍以內的事務香港自行立法，而這個範圍以外的事務，應由中央來為香港立法。

3. 中央制定的法律，都在政府公報上公佈。今後凡是對香港適用的法律，均可交由香港的政府憲報轉載，這樣就不會發生香港不知道哪些中央法律應該遵守的問題。

　　譚惠珠認為，今後香港可以採取廖瑤珠所提的"納入"辦法，也可以採取類似內地民族自治地方的辦法。最重要的是不適合香港實際情況的法律不在香港實行。

　　由於實行"一國兩制"，香港特別行政區將保持其原有的法律制度，全國性法律一般不在香港實施。然而，作為中華人民共和國的一部分，少數關於維護國家主權和領土完整的全國性法律又有必要在香港實施。對此，香港基本法第 18 條作了明確規定："全國性法律除列於本法附件三者外，不在香港特別行政區實施。凡列於本法附件三之法律，由香港特別行政區在當地公佈或立法實施。全國人大常委會在徵詢其所屬於的香港基本法委員會和香港特別行政區政府的意見後，可對列於本法附件三的法律作出增減，任何列入附件三的法律，限於有關國防、外交和其他按本法規定不屬於香港特別行政區自治範圍的法律。全國人大常委會決定宣佈戰爭狀態或因香港特別行政區內發生香港特別行政區政府不能控制的危及國家統一或安全的動亂而決定香港特別行政區進入緊急狀態，中央人民政府可發佈命令將有關全國性法律在香港特別行政區實施。"這樣的規定符合實際，符合"一國兩制"的最低限度要求。

四、防務和駐軍問題

在基本法起草過程中，關於有無必要在香港駐軍、駐軍指揮權、駐軍違法犯罪案件的管轄權等問題，是一個需要研究解決的難題。

（一）關於防務和駐軍問題的意見

1. 關於 1997 年 7 月 1 日後是否在香港駐軍，主要有以下幾種意見：（1）防務和駐軍是主權的體現，中央有權派軍隊駐守香港。（2）防務由中央負責，這雖是主權的體現，但常駐軍隊未必是保衛國防的必要條件。在香港與內地的距離如此近的情況下，香港的防衛工作，實無需要在香港駐守軍隊。當香港遭到外敵入侵或出現極端嚴重的情況時，解放軍跨過深圳河來香港是十分快捷的事情。（3）港人對駐軍很敏感，如果中央一定要在香港駐軍，最好是象徵性的。為了減少港人的恐懼心理，可由僱傭兵駐守香港或在香港招募兵員派到解放軍受訓後駐守香港。

2. 關於駐軍的指揮權，有兩種意見：（1）若駐軍的指揮權隸屬於中央軍事系統，將會出現"兩重權力"的問題，故主張中央授權香港特別行政區行政長官指揮駐港的軍隊。（2）駐軍由中央直接派駐，軍隊由中央軍委統一指揮，內地各省、市、自治區行政首長沒有指揮軍隊的權力，因此，香港特別行政區行政長官也不應有指揮權。

3. 駐軍的出動問題。如何確定需要駐軍協助的形勢和駐軍出動的手續，在起草過程中，有委員提出需在基本法中作明確規定，建議寫上"經香港特別行政區政府的請求，駐軍可以出動"。

4. 駐軍犯法，是由內地軍事法庭管，還是由香港司法機構管。有意見提出，在基本法中寫上"駐軍個人行動受香港法律管轄"。

5. 有的建議基本法要寫明香港居民有服兵役或不服兵役的自由。

6. 駐軍地點問題。有的意見提出軍隊只能在郊區駐紮，除特殊情況不得進入市區。

（二）我方的應對

針對上述這麼多針對香港駐軍和防務問題的意見，我方針對性確立了應對方案：

1.《中英聯合聲明》及其附件一明確規定防務由中央負責。為了體現國家主權，維護香港的繁榮穩定，中央有必要在香港派駐少量的國防軍。

2. 派駐僱傭軍通常是一個殖民國家對殖民地採取的做法，中國對香港恢復行使主權以後，若由僱傭軍駐守香港，有損國家的尊嚴，對香港人也是個侮辱，所以是不能考慮的。至於招募香港兵員到解放軍受訓後組成部隊駐守香港，這也是行不通的。因為駐守香港的軍隊不是地方治安部隊，而是國防軍，也要受中央的統一調動和指揮。

3. 防務和駐軍由中央負責，駐軍由中央軍委統一指揮，香港特別行政區行政長官對軍隊沒有指揮權。

4. 駐軍的出動分兩種情況：（1）如遭外敵入侵，由中央軍委決定出動軍隊。（2）香港內部發生大的騷亂或嚴重的自然災害時，經香港特別行政區的請求或徵得其同意，駐軍可以出動。至於是由特別行政區行政長官的請求，還是徵得立法機關的同意，可以研究。而關於宣佈緊急狀態的問題，委員們則表示此事比較敏感，基本法中似乎可以避免。

5. 駐軍軍人犯罪，有兩個問題需要解決：依照何種法律處理？軍人犯罪案件由誰來管轄？

當時在內地，對軍人犯罪適用何種法律已有明確規定。1981年制定的《懲治軍人違反職責罪暫行條例》規定："軍人違反該條例所規定的各種軍職罪，依軍法；

此外的犯罪，依中華人民共和國刑法。”對於軍人犯罪案件由誰來管轄，尚無法律規定，實際做法是，軍人犯罪案件，不問其所犯是否軍職罪，一概由軍事法院管轄。但實踐中也有個別情況，為了平息當地居民的不滿情緒，將犯法軍人的軍籍撤銷後，將其交給當地法院審判。比照國內的辦法，駐軍軍人犯罪，在適用法律上應區分兩種情況：如果犯的是軍職罪，依軍法；此外的犯罪依香港刑法。在管轄問題上，考慮到香港的特殊情況，也考慮到當時香港英軍犯刑事罪交香港法院審判的做法，我們認為在香港不應沿襲國內的習慣，而應稍加變通：軍人犯軍職罪，由軍事法庭審判；犯一般刑事罪，則由香港法院審判。由於兩種法律的規定不同，很可能出現依照一種法律是犯罪，而依照另一種法律不算犯罪的情況。為了防止犯罪者鑽空子，應規定，如果香港法律不認為是犯罪，而國內刑法認為是犯罪，駐軍軍人不能免除其刑事責任，也就是要依照國內刑法予以制裁。

6. 駐軍軍人的民事糾紛則一概由香港法院依照當地法律處理。

7. 基本法不規定香港居民是否有服兵役的義務，或明文規定香港居民沒有服兵役的義務。

（三）司法管轄問題

1986 年 12 月 27 日，草委會秘書處就基本法中關於駐軍問題的條款開了一個座談會，參加座談會的有部分草委、有關專家，還邀請了解放軍總政治部、軍事法院、最高人民法院、最高人民檢察院的工作人員。

座談會上，介紹了草委會第三次全體會議上委員們對初擬的基本法第二章第 4 條（關於駐軍問題）所提出的意見。大家認為，駐軍遵守法律的問題不能以在駐地內、駐地外來劃分，應去掉“在駐地外”幾個字。遵守香港本地法律與司法管轄權雖是兩個不同的概念，但兩者並不能截然分開，因為所謂遵守當地法律包括要遵守當地的訴訟程序法，這就涉及到司法管轄問題，如果只提遵守當地法律，以後可能實際上做不到。因此，多數與會者贊同這樣寫：“駐軍除應遵守全國性法律和軍法外，還應遵守當地法律。”軍隊的代表提出，說“駐軍應遵守當地法律”的意義在於用香港的法律來規範軍隊的活動，但這並不等於駐軍要歸香港法院管轄，這是兩個問題。他們提出一個總的原則：除民事案件歸香港法院管轄外，其他軍人案件都由內地管。某些案件可以參照香港法律來處理，如果處理得不公正，香港居民可以提出，我們可以改正。總之，在處理這個問題時，既要考慮香港人的認識和理解，也要充分考慮到軍隊的特殊性。

　　與會人員有的提出，首先解決遵守什麼法律的問題，再具體規定發生衝突時怎麼辦和管轄問題，這三個問題是有層次的。司法管轄問題很複雜，有幾個情況要考慮：（1）按內地法律規定是犯罪，而香港不認為是犯罪的案件，這種情況如果香港管了而且判無罪，我們就不好辦了。（2）按內地法律規定不是犯罪，香港卻認為是犯罪的案件。有的提出，反革命罪和不涉及香港居民的權利、自由、財產的案件，由軍事法院管轄；涉及香港人的權利、自由、財產的案件，由香港法院管轄。有的提出，除軍職罪當然由軍事法院管轄外，另外再規定哪幾類案件由軍事法院管轄；其餘案件均交由香港法院管轄。有的提出，軍職罪及侵害對象是軍人、軍隊、國家或國家財產的案件，由軍事法院管轄，其餘案件交香港法院管轄。也有的提出，內地與香港不僅法律體系不同，而且審判程序也不同，整套司法制度都不同，如果讓軍事法院以當地法律來審理案件恐有困難。因此，對駐軍的司法管轄問題尚需作進一步的調查研究，不宜在基本法中進行規定，可以在將來由全國人大常委會另外頒佈法律加以規定。

　　最後，與會者比較一致的意見是：（1）基本法第二章第 4 條應這樣寫:"駐軍人員除應遵守全國性的法律以外,還應遵守香港特別行政區的法律。"(2)關於駐軍人員的司法管轄權問題另行規定。

後來,大家也知道了,《香港駐軍法》對駐軍人員的司法管轄權問題進行了較為明確的規定。

(四)防務問題的認定

關於香港特別行政區的防務如何認定的問題,在 1991 年 10 月的一次法律研討會上對這一問題有過比較深入的探討,包括防務認定的原則、方法、範圍以及主體四個方面。

1. 認定香港特別行政區防務的原則

第一,香港特別行政區的防務是中華人民共和國主權範圍內的事務。它與英國佔領和管治下的香港防務有著本質的區別。如果說英國管治下的香港防務體現和維護的是基於英國殖民主義強權而產生的宗主國利益,那麼,香港特別行政區的防務體現和維護的則是基於中國恢復對香港行使主權而產生的主權國利益。因此,在認定香港特別行政區的防務上,首要的是確保我國真正行使主權,堅決摒棄英國殖民主義的影響,不能因襲或受制於英國在香港舊有的防務觀念和格局。

　　第二，香港特別行政區的防務是中國中央人民政府統管的中央事務，不是香港特別行政區自治範圍內的地方事務。中央事務與地方事務的顯著區別在於：前者體現國家意志，反映國家整體利益；後者代表地方意志，注重地方局部利益；兩者之間的關係只能是前者決定後者，後者必須服從前者。從這個意義上講，認定香港特別行政區的防務，就應當從整個國家防務戰略的全局需要出發，要體現和貫徹整體防衛的思想。我們既不能設想香港的防務可以游離於我國國防體系之外，更不允許囿於香港的地方利益而使整個國家的國防利益受到損害。

　　第三，香港特別行政區的防務是我國國防領域中適用於香港特殊情況的事務。香港特別行政區實行高度自治，且保持原有的資本主義制度和生活方式五十年不變，要承認和正視這種現實，在認定香港特別行政區的防務上，就不能把內地的防務模式一成不變地移植於香港，而必須考慮到香港實行高度自治的現實，應與內地有某些不同的要求。一方面，某些在內地得到普遍確認和實施的防務事項不宜直接適用於香港，而須經過相應的變通後才能適用；一方面，由於香港特別行政區享有高度自治權，在內地不會發生的防務事項則有可能會在香港存在。

2. 認定香港特別行政區防務的主要方法

無論是從整體上確定香港特別行政區的防務，還是判定某一具體事務是否屬於香港特別行政區防務的範疇，都有一個方法論的問題。借鑒其他國家的一些做法並結合我國的實際情況，認定香港特別行政區防務的方法主要有以下幾種。

從性質上考察。看事務的性質是否涉及國家主權的行使。主權作為一個法律概念，是指一個國家獨立自主地處理其對內對外事務而不受別國干涉的最高統治權，其顯著標誌是國家的獨立和統一。而國防與主權密切相關，國防的使命就是捍衛和維護國家的獨立和統一，從這個角度上講，國防的組織和實施就是國家主權的動態化、表象化。因此，作為我國國防重要組成部分的香港特別行政區的防務必然會鮮明、直接地反映出國家主權的屬性。雖然這種性質上的考察較為抽象，但通過確認這一點，可以從根本上把香港特別行政區的防衛事務與香港特別行政區自治範圍內的事務區別開來，因為後者僅與國家授予的地方自治權有關，而不涉及國家主權的行使。

從內容上考察。看事務的內容是否含有防衛因素。所謂防衛因素，是指國家為防備和抵禦外來侵略和內部顛覆所採取的措施及有關的活動。這裏，關鍵是要準確理解"防備"和"抵禦"的概念,絕不能把它僅僅理解為與香港駐軍有關。香港駐軍固然以香港的防務為己任,是執行香港防務的基本主體。但不能說沒有或無需香港駐軍介入的事務,就不是含有防衛因素的事務。香港特別行政區的防務與香港的安寧緊密相連,而香港的安寧又與香港的穩定和繁榮休戚相關。從這個意義上講,鞏固和加強香港的防務,香港特別行政區政府和居民也責無旁貸。因此,某些事務即使沒有駐軍的參與,如果具有"防備"和"抵禦"的防衛因素,也應作為香港特別行政區的防衛事務看待。比如香港特別行政區政府根據國防要求,為防備未來戰爭或地區衝突,在本區域內所進行的必要的民防和動員準備、香港居民(主要是其中的中國公民)的國防教育等事項即是。此外,我們也不能說,凡是駐軍介入的事務都是具有防衛因素的事務,這也不符合實際。比如,根據基本法的規定,香港駐軍協助香港政府救助災害的活動,雖然有駐軍參與,卻不具有"防備"和"抵禦"的防衛因素,當然也就不能認定為防衛事務。

從關係上考察。看一項事務是否與國家防務政策的實施以及國防制度的建設產生直接的關係,如果這種關係是確定的,那麼這個事務就屬於香港特別行政區的防務。比如，根據基本法第 151 條規定，香港特別行政區可在經濟、貿易、金融、航運、通訊、旅遊、文化、體育等領域以 "中國香港" 的名義單獨地同世界各國、各地區及有關國際組織保持和發展關係，簽訂和履行有關協議。在一般情況下，香港特別行政區在上述領域發展對外關係，不會涉及防務問題。但是，如果香港特別行政區在上述領域從事的對外活動直接涉及到我國的防務政策和制度的運行時，也就不能不將這類活動與香港防務的認定聯繫起來。

從法律規定上考察。為保證國家對國防事務行使專屬管轄權，通過憲法和有關國防的法律對重大國防事務作出原則規定，是世界各國普遍採取的做法。如 1979 年《印度憲法》在聯邦職權表中把聯邦權力機關管轄的防務概括為十項；1957 年《馬來西亞聯邦憲法》在附表九中載明 "聯邦及其任何地區的防務" 包括八個方面；美國 1951 年制定的《聯邦民防法》統一規定了聯邦管理的民防事務；法國 1877 年制定、至今仍然有效的《軍事徵用法》，明確規定了為防務所需的軍事徵用事項。這些規定分別構成這些國家認定其防務事項的法律基礎。從我國的情況看，雖然憲法對國防事務的範圍沒有作概括性的規定，但只要憲法和適用於香港的全國性法律中有明確規定的國防事項，就應當成為認定香港特別行政區防務的依據。

從國防實踐經驗中考察。世界各國在認定國家防衛事務上，除了從本國的國防政策、法律入手外，還採取從維護本國利益的實際需要出發，藉助以往的慣例和經驗來作出判斷和取捨。這種做法對於我們認定香港特別行政區的防務也是適用的，特別是在我國國防法律還不健全的情況下，對於尚無法律規定但根據長期國防實踐中形成的經驗可以判定為防衛事務的，只要有利於香港的穩定、繁榮，也應歸入香港特別行政區的防務範疇。

3. 香港特別行政區防務的範圍

香港特別行政區的防務應覆蓋哪些事項，即它的範圍如何界定，是認定香港特別行政區防務所要解決的一個基本問題。儘管要廓清這個問題難度很大，但根據前述認定香港特別行政區防務的原則、方法，我們仍然可以從以下幾個方面作出大體的劃分。

防務決策。主要包括全國人大及其常委會、國家主席、國務院、中央軍委根據國防需要，依法定職權制定和頒發的與香港特別行政區有關的決議、決定、政令、軍令以及各項防務政策。把防務決策列在首位，其重要意義在於，防務決策是香港特別行政區防務事務中提綱挈領的事務。它決定和制約著香港特別行政區的其他各類防衛事務。抽掉防務決策，其他各類防衛事務就失去了賴以產生和存在的基礎。

軍事防禦。主要包括國家為防備和抵禦外來的侵略、顛覆，在香港特別行政區採取的軍事行動。在類別上，軍事行動可分為：軍事訓練與演習，武器裝備及各種物資的運輸、供應與儲備，軍事設施的建設，以至作戰行動。在方式上又可以分為：經由香港的軍事行動和止於香港的軍事行動。香港正處於歐亞大陸東南部，是位於太平洋與印度洋之間的航運要衝，這種特殊的地理位置決定了香港的軍事防禦，不僅對香港的繁榮與發展具有重大的經濟價值，而且對支持和加強我國海防，尤其是南海海洋國土的防衛具有重要的戰略意義。

國防動員。主要包括全國或括及香港的局部地區由平時狀態轉入戰時狀態下，對香港的人力、物力、財力為戰爭服務所進行的動員。香港是我國的一個特別行政區，在國家面臨戰爭威脅時，同內地協同運作，保家衛國自不待言。這裏需要指出的是，為保證戰時迅速有效地實施國防動員，和平時期的動員準備是不可缺少的。這就是說，在平時狀態下，因地制宜地做好動員準備也是有關香港國防動員的題中之義。

國防教育。主要包括適應香港特殊情況而對香港居民（主要是中國公民）進行國防觀念的教育以及依法履行防衛義務的教育。把對香港居民的國防教育列為香港特別行政區防務事項，是因為強大的國防有賴於全民具備國防觀念，也是因為香港的防務與香港的安危密切相關、與每一個香港居民的利益密切相關。當然，在香港實施的國防教育與內地應有所區別。

民防。主要包括有關香港特別行政區應付戰爭災害的民防規劃、任務、體制以及與軍事防禦的協調等。民防是國防建設的重要組成部分，香港特別行政區的民防也應是構成該地區防務不可或缺的一環。香港是我國海上的重要門戶，建設一套完備的民防體系以防範包括常規武器、生物武器以至核武器造成的戰時災害十分必要。當然，香港的民防也同時兼有防備自然災害和人為災害的功能。

國防外事。主要包括與香港特別行政區有關並含有防務內容的條約、協定的立、改、廢；香港特別行政區與其他國家和地區的軍事交往；戰時狀態下，在香港特別行政區涉及敵國事宜的處理等。從某種意義上講，國防外事也可歸入外交事務的範疇，但考慮到這類事務具有明顯的軍事和防衛因素，將其併入防衛事務研究，有助於從整體上把握香港特別行政區的防務範圍。

香港駐軍。主要包括中國人民解放軍在香港特別行政區的駐軍規模、軍費、編制體制、武器裝備、兵力部署、軍事設施的保護，對駐軍的指揮、調動，駐軍的任務、法律地位、職權，以及駐軍官兵的權利與義務等。香港駐軍是承擔香港特別行政區防務的基本主體，與此相聯繫，香港駐軍事務也是香港特別行政區防務範圍中所佔比重最大、最經常發生的事務。如同國家防務的範圍需根據國際國內形勢的發展而作相應調整一樣，香港特別行政區防務範圍的界定也不是一成不變的。

4. 認定香港特別行政區防務的權力主體

任何一個國家的國防事務只能由本國中央政權機關決定和管理，這是世界各國的通例。香港特別行政區的防衛事務，只有下列主體擁有認定權。

國家最高權力機關，即全國人民代表大會。國家最高權力機關對香港特別行政區防衛事務的認定權主要體現在決定涉及香港的國家重大防務事項。如根據憲法規定，全國人大有權決定戰爭與和平問題；全國人大常委會在全國人民代表大會閉會期間，如果遇到國家遭受武裝侵略或者必須履行國際間共同防止侵略的條約的情況，有權決定戰爭狀態的宣佈，有權決定全國總動員或局部總動員。此外，基本法第 158 條第 1 款規定，基本法的解釋權屬於全國人大常委會，這更進一步表明，全國最高權力機關對於香港基本法中有關防務條款所涵蓋的重大防衛事務擁有認定權。

國家最高行政機關，即國務院。國家最高行政機關是國家最高權力機關的執行機關，這種地位決定了國務院對香港特別行政區防衛事務的認定權主要體現在領導和管理國防建設事業中，有權決定涉及香港特別行政區的防衛事務。

國家最高軍事機關，即中央軍事委員會。從我國憲政體制看，中央軍委是同國務院平行的重要國家機構，其主要職能是領導全國武裝力量，這在我國憲法中已有明確規定。中國人民解放軍香港駐軍是全國武裝力量的組成部分，無疑要接受並服從中央軍委的領導。因此，中央軍委對部署和指揮香港駐軍完成防務任務中所涉及的防衛事務有認定權。

五、政治體制的設計

（一）香港的政治體制

整個基本法的起草過程是比較曲折的，其中最難的、爭執最大的就是政治體制問題。基本法起草工作開始後，各界對香港特別行政區未來的政治體制展開了熱烈討論，形成了不同的看法。在行政機關、立法機關的關係問題上，一部分人主張立法主導，因為《中英聯合聲明》中指出，行政機關要對立法機關負責；一部分人主張行政主導，因為現行香港政制就是行政主導，其最大的優點是行政效率高，行政主導和“行政機關對立法機關負責”並不矛盾。在行政長官和立法機關如何產生的問題上，主張立法主導的人多強調要加快民主步伐，要求實行一人一票的直接選舉，而主張行政主導的人多強調穩定和繁榮是香港居民的最大利益，發展民主應以穩定和繁榮為前提。後來，圍繞行政長官和立法機關如何產生形成了多種不同的方案，如“190人方案”、查良鏞方案、“81人方案”、查濟民方案、李福善方案、“38人方案”等。

在眾說紛紜的情況下，內地和香港的草委們通過對香港歷史和現狀的認真分析，首先就設計政制模式所要遵循的一些原則取得了共識：（1）根據“一國兩制”的總方針，香港特別行政區政治體制的設計，既不能照搬內地，也不能照搬外國，而必須從香港的法律地位和香港的實際情況出發；（2）既要有利於香港的穩定和繁榮，促進資本主義的發展，又要兼顧社會各階層的利益，為大多數人所接受；（3）既要保持香港現有政治體制中行之有效的部分，又要循序漸進地逐步發展適合香港情況的民主制度；（4）香港特別行政區行政機關、立法機關和司法機關的關係，應該是行政機關和立法機關既互相制衡又互相配合，司法機關和檢察機關則獨立進行工作，不受任何干涉；（5）為了保持行政效率，香港特別行政區行政長官要有實權，同時又應受到監督。然而，當進入具體問題討論時，草委們的想法並不一致。後來經多數委員同意，政制專題小組提出起草時原則上採用"三權分立"的模式，即：司法獨立，行政機關與立法機關既互相制衡，又互相配合。

1987年4月16日，鄧小平在會見參加草委會第四次全體會議的委員時，批評了"三權分立"的提法，他指出，"（香港的制度）不能照搬西方的一套。香港現在就不是實行英國的制度、美國的制度，這樣也過了一個半世紀了。現在如果完全照搬，比如搞三權分立，搞英美的議會制度，並以此來判斷是否民主，恐怕不適宜。"在鄧小平講話的第二天，政制專題小組負責人對香港記者作了解釋，說"小組較早時確定的政治體制，不是真正的'三權分立'，只是指司法獨立，行政機關與立法機關既互相制衡又互相配合"。

1987 年 10 月 16 日，召開了一個 "港、台法研討會"。在會上蕭蔚雲老師講了 "起草政制條文需研究的問題"，主要是十方面的內容：（1）行政長官的地位、資格。（2）行政長官的產生。現在有五個方案，可對其進行發展修改。五個方案分別是：第一、二屆行政長官由顧問團協商產生，以後選舉產生；由選舉團產生；立法提名，一人一票；功能團體產生；寫產生的原則，並規定可以發展具體制度。（3）行政長官簽署法律問題。是否應賦予其否決權？是絕對否決權還是相對否決權？（4）行政長官能否解散立法機關？幾種意見：解散後，行政長官應辭職；解散後，行政長官不辭職；解散應有條件。（5）行政長官辭職問題。（6）行政會議的性質。（7）行政長官 "負責" 的含義。（8）關於立法會的產生。主要有三種方案：混合選舉、直接選舉、功能團體選舉。（9）彈劾。（10）司法管轄權。從這麼多需要研究的問題，就可以想見協調不同意見和起草工作的難度。還好，在反覆研究、徵求意見、討論、修改的基礎上，多數草委在行政長官、行政機關、立法機關的職權和相互關係的問題上取得了共識，並寫成了基本法條文。最終基本法條文確立的香港政治體制實際上是行政主導制。

（二）對行政主導的思考

1. 行政主導的含義

行政主導的含義主要包括以下幾個方面：

（1）行政主導的政治體制，是在"一國兩制"的框架下，從香港的歷史、現狀和發展出發，基於高度自治而發展出來的對特別行政區政治體制所作出的一種制度和法律安排。其基本特徵是：行政長官較其他公共權力機構地位崇高；行政長官職權廣泛；在行政與立法的關係中，行政處於主動地位；行政長官主導特別行政區的政治生活。基本法規定的行政長官的身份和地位突顯了特別行政區的行政主導體制。

（2）行政主導是在"一國兩制"的構思之下政治體制的創舉。具體表現在：它兼有東方和西方兩種政治智慧；它融通了一個國家的兩種制度；它表徵了中央與特別行政區兩種結構。這一創造是史無前例的，它有著鮮明的中國特色，體現著對人類制度文明的貢獻。

（3）關於行政主導與民主的關係。有人認為，立法主導更能體現民主，而行政主導則缺乏民意基礎。一般來講，與行政主導相對應的是立法主導，即指在行政與立法的關係中，行政首長由立法機關選舉產生，接受立法機關監督，對立法機關負責，立法機關是權力機關、決策機關,立法機關在政治生活中起主導作用。立法機關作為民意代表機關,大多數通過選舉產生,而行政機關作為執行法律的行政事務管理機關,其官員和公職人員主要是通過委任產生——這是各國的通行做法,但這不等於行政機關和民主無關,因為行政機關執行的法律是由代表民意的立法機關制定的。環顧全世界的政體,實質上沒有一個國家真正是由立法主導的,行政主導是當今政治體制發展的一種趨勢。

(4)行政主導體現了行政長官特殊地位的實際需要。按照基本法的規定,行政長官要對特別行政區全面負責,同時行政長官作為特別行政區的首長,還要對中央人民政府負責。如果實行立法主導,由於立法機關議員的構成是多元的,立法機關通過的法律又是採用多數決,這樣的制度和運作機制,很難實現特別行政區對中央負責的要求。因此,行政主導及行政長官負責制是確保對中央負責的必然選擇。應當說,這也是行政主導的價值取向之一。

(5)"行政主導"作為政治學和法學的一個詞語,它是對行政佔據重心地位、行政發揮核心作用的一種學理上的概括和形象的描述。"行政主導"一詞雖未出現在基本法條文中,但它卻是起草基本法時所遵循的一個重要原則，是特別行政區政治體制的靈魂。學理上的這種概括不是捕風捉影，其依據就是基本法的相關規定。這些規定的具體內容是人們所熟知的，這裏不再贅述。立法原則看似抽象，實際上它的作用是滲透性的，它的價值也只有把它規範化才能得以實現。

人們在理解法律條文的規定時，往往要探求其立法原意。實際上行政主導正是基本法所規定的政治體制的立法原意。正因如此，就不能以基本法沒有出現"行政主導"這一詞語而否定這一原則。否則，按照這種邏輯，美國憲法也不能算是三權分立制，因為在美國憲法中也找不到"三權分立"這一詞語。而實際上，誰都承認美國憲法是"三權分立"的典型，是"三權分立"學說的憲法化。

2. 行政主導下的兩個問題和回應

在對行政主導的要義進行梳理之後，還有兩個緊密相關的問題需要回答。

第一，基本法規定的行政主導下的行政、立法、司法三者的關係是三權分立的關係嗎？基本法規定的特別行政區政制是不是三權分立的體制，在一段時期裏是有分歧的。早在起草基本法時，政治體制專題小組就曾出現過此種提法，但是 1987 年 4 月鄧小平會見基本法起草委員會委員時，明確指出："香港的制度也不能完全西化，不能照搬西方的一套。"鄧小平的這一講話，統一了草委們的認識，並在起草工作中得到了遵循。但基本法頒佈以後，在學界發表的論著中，仍不時出現過把香港特區行政主導下的行政、立法、司法的關係歸為三權分立的提法，且這種提法至今尚未完全消失。即使從學術層面去分析，這種提法也缺乏事實上和原理上的根據。如果冷靜思考，理性的認識應是：香港特區不是一個獨立的政治實體，基本法授予行政、立法和司法機關的權力以及三者之間的相互關係與美國的三權分立體制雖然有相似之處，但也有重要區別。大體上說，相似之處主要有：(1)行政、立法分別經由兩種不同途徑產生，互不從屬，各操一定的權力；(2)三權之間有互動機制，行政首長可對立法機關的立法予以否決，立法機關也可推翻這種否決；(3)立法機關的立法權並不完整；(4)政府的決策未必能得到立法機關的支持，行政主導也並不意味著立法必須服從或肯定會服從行政；等等。不同之處主要有：(1)特別行政區的立法、司法機關不像美國那樣對外也享有國家代表權；(2)三權分立下的行政、立法、司法三權地位平等，誰也不高過誰，而行政主導則是突顯了行政的地位，行政不同立法、司法並列；(3)

三權分立強調三權的互相制衡，不講配合，而香港特區是在講制衡的同時強調配合；（4）在行政主導體制下，立法機關的提案權受到限制，涉及政府體制變化或財政開支的議案，只能由政府提出，涉及公共政策的議案要先得到行政長官的同意，議員才能提出；等等。

第二，行政主導下的三權如何相互配合？行政主導模式中的一個重要問題是行政、立法、司法三者的關係問題。在三者關係中，重點是行政與立法的關係。行政主導下的行政長官要有實權，這既是起草基本法的一個理念，也保持了原有政制中行之有效的特色做法，有利於提高行政工作效率。行政主導並非是指行政權力可以無限大，更不是行政權可以不受任何制約。對權力的制約是現代法治的一項基本準則。因此，行政與立法既要相互制衡又要互相配合就成了起草基本法時的一個基本精神和指導原則，而且體現著配合為主的理念。後來，在學界的論著中出現了“重在配合”的提法，但配合也不是迎合。制衡與配合的關係與行政主導並不相悖，實際上它們是一種共容的原則。從憲政原理上理解這種關係的實質，正確把握和處理這種關係有重大的現實意義和長遠意義。在現實中，積極尋求行政與立法的配合，成為提升特區管治能力的一個重要課題。

　　按照基本法的規定，在行政體制中，設立了行政會議，它有助於行政與立法的相互溝通與配合，有助於盡可能實現"議行一致"。但不可否認的事實是，在基本法中，行政與立法互相制衡的機制既多又具體，而規範二者合作、配合的機制，除行政會議外卻顯得過於原則，缺少可供操作的規範。這種情況已經導致了行政與立法的某些不協調。我認為，任何體制都要有體制外的配套機制。面對香港政治體制運作中出現的問題，尋求體制外的配套機制，將有助於處理好行政、立法的關係，保證行政主導的有效運行。這將是對行政主導體制的補充與發展，也是對學理的貢獻。

六、基本法的解釋問題

（一）基本法解釋問題的成因

　　按照我國憲法和相關法律的規定，在內地，對法律的解釋具有幾個重要的法律特徵：第一，全國人大常委會對法律（包括憲法）的解釋是正式解釋，也即具有法律約束力的解釋。第二，在內地，對法律的解釋既有憲法的授權（全國人大常委會解釋法律即為根據憲法授權），也有全國人大常委會作為最高國家權力機關常設機關的授權（最高國家審判、檢察、行政機關對法律的解釋即是根據此項授權）。第三，我國內地的立法、司法和行政機關都可以解釋法律。全國人大常委會的解釋稱為立法解釋，審判、檢察機關的解釋稱為司法解釋，國務院的解釋稱為行政解釋。第四，全國人大常委會對法律的解釋並不結合具體案件的審理，所以它是一種抽象解釋。第五，立法、司法、行政機關對法律的解釋雖然都具有法律效力，但司法解釋、行政解釋的法律效力低於立法解釋。全國人大常委會的立法解釋具有普遍約束力，當司法機關之間解釋出現分歧時，以立法解釋為準。

　　而按照香港的普通法制度，其法律解釋權主要有四個特點：第一，立法機關負責制定法律，法院則在處理具體案件時對所涉及的法律進行解釋，並應對該法律條文的含義作出符合原意的宣告，此謂司法解釋。第二，司法解釋只能在法院審判具體案件的過程中進行，即司法解釋必須從具體案件中產生，法院無權對假設的問題（即抽象的法律問題）作原則性的解釋。第三，法院對案件的判決可以遵照以往判例中對有關法律的解釋，亦可作出新的、不同的或補充性的解釋。新的解釋便可取代以前的解釋，從而也就構成法律的一部分。第四，終審法院所作的司法解釋對任何香港法院均具有約束力。其他法院所作的司法解釋也具有一定的法律效力，可約束較低級別的法院。

面對兩種不同的法律解釋制度，如何一方面能體現國家對自己的一個地方行政區域的主權，另一方面又能在堅持這一原則的情況下，使兩種不同的制度同時運作並保持其原有的特性，這的確是一個難題。因此，在基本法起草過程中，提出了多種調和兩種法律解釋制度的建議。

（二）關於基本法解釋權的爭論和回應

香港人提出基本法的解釋權問題，根本原因是對中央掌握此項解釋權存有疑慮。同時，也與兩地法律解釋制度不同有關。香港方面最初提出這個問題時，大都主張基本法的解釋權屬於香港法院。經過一年多的反覆討論，香港人士要求解釋權的立場未變，但在說法上略有不同。後來他們大都承認中央有對基本法的解釋權，但要求將該項權力的全部或一部分授予香港法院行使。主張將一部分權力授予香港的人，對此一部分的範圍有多大基本上有兩種意見。一種意見主張，中央只在國防和外交方面保有對基本法的解釋權，其餘部分完全歸香港。另一種意見主張，中央在國防、外交以及中央與香港特別行政區的關係方面對基本法行使解釋權，關於香港內部事務的解釋權則屬於香港。

香港有些人還提出中央和香港對基本法的解釋發生衝突時的解決辦法。他們主張在全國人大或全國人大常委會之下，設立一個由香港和內地代表組成的基本法委員會，在解釋發生衝突時，由這個委員會進行檢討並提出解決辦法。

在解釋權的問題上，我們的態度是：

1. 中央不能放棄對基本法的解釋權。理由有三：第一，法律解釋是法律適用中的關鍵環節，解釋不同，效果兩樣。特別是像基本法這種內容比較原則的法律，解釋的餘地很大，其作用也就更大。為確保基本法的正確執行，中央必須有解釋權。第二，依照世界各國通例，在中央與地方關係的問題上，都是由中央掌握解釋權。以美國為例，美國憲法的解釋權屬於聯邦最高法院，而聯邦最高法院是代表中央的。基本法在某種意義上是一部中央與香港特別行政區的關係法。對這部關係法，中央不能解釋是不合理的，而且也違反世界各國通例。第三，香港特別行政區立法機關制定的法律要送到中央審查，中央如果不掌握基本法的解釋權，就無法判斷它是否符合基本法，也就不能對它行使審查權。

2. 香港此前實行的法院在審判工作中有權解釋法律的做法要繼續保持。改變這種做法，就意味著對香港現行法律制度作出重大改變，這同《中英聯合聲明》的精神是相抵觸的。

1981 年《全國人大常委會關於加強法律解釋工作的決議》第 2 條規定："凡屬法院審判工作中具體應用法律、法令的問題，由最高人民法院進行解釋。"根據這一規定，最高人民法院本應對基本法有解釋權。但考慮到香港特別行政區實行不同於內地的法律制度，並享有獨立的司法權和終審權，應將最高人民法院此項解釋權下放給香港特別行政區終審法院行使。

3. 基本法由全國人大常委會解釋。香港終審法院對基本法的解釋，不得同全國人大常委會的解釋相抵觸。

為了消除香港人對中央掌握解釋權的疑慮，可以考慮在全國人大常委會之下，設立一個基本法委員會，由香港和內地的法律專家組成，並規定，全國人大常委會對基本法進行解釋前，應將需要解釋的問題交付該委員會並命其提出建議。

（三）基本法第 158 條的折中方案

基本法第 158 條比較好地解決了兩種法律解釋制

度的衝突。它在立法上的主要特徵就在於，它是"一國兩制"方針在基本法解釋權問題上的圓滿體現，既考慮了憲法的原則性規定，保證了基本法在全國範圍內的統一理解和實施，又充分考慮了普通法制度，在第 158 條第 2 款、第 3 款規定中層層擴大了香港特區法院對基本法可作解釋的範圍，授權特區法院在審理案件時對基本法的全部條文都可以解釋，而對此基本法只作了唯一的限制。第 158 條第 3 款所作的這個唯一限制是，基於特區法院享有終審權，它們對基本法條款所作的解釋將會成為具有約束力的判例，成為香港法例的一部分，為了不使特區法院在涉及中央權益條款上的解釋與全國人大常委會的解釋有矛盾，因而採取了終局判決前提請全國人大常委會解釋的辦法。由此可見，基本法第 158 條的規定突出體現了原則性與靈活性的巧妙結合，有效地解決了兩地由於法律制度的不同而產生的矛盾。這樣的制度規定參考了歐盟（歐共體）的有關法律制度設計，即歐盟的成員國法院在個別案件中可提請歐盟法院解釋適用於這個案件的歐盟法條文，在基本法第 158 條中建立了類似的由終審法院提請人大釋法的安排。可以說，基本法在這方面的制度設計，既有前瞻性，又具創意和想象力。

（四）基本法和普通法的關係

基本法第 8 條規定："香港原有法律，即普通法、衡平法、條例、附屬立法和習慣法，除同本法相抵觸或經香港特別行政區的立法機關作出修改者外，予以保留。"這說明，普通法和衡平法也是香港特別行政區法律的組成部分，香港特別行政區也是一個普通法地區。基本法授權香港法院解釋基本法，實踐中就需要處理好普通法和基本法的關係。

在香港特別行政區法律體系中的普通法與港英統治時期的香港普通法存在著重要區別。香港原有的普通法是維護英國對香港實行殖民統治所採取的一種法制形式，香港法院所採用的任何先例，都不得同英國適用於香港的任何成文法規定相抵觸，更不能挑戰作為香港憲制性法律的《英皇制誥》和《王室訓令》。此外，由於香港原有的政治體制是總督集一切大權於一身，因此，在香港適用的普通法規則和判決也不能挑戰總督的權力。然而，香港回歸以後，普通法之所以能成為特別行政區適用的法律體系的一部分，這是有條件的，即普通法不得與現有的憲制性法律 —— 基本法相抵觸，這是維護香港特別行政區所建立的憲制秩序的根本要求。因此，正確處理普通法與基本法關係的基本要求之一是不能以"九七"前香港適用的普通法規則或判例去評判基本法的規範，更不能要求基本法適應普通法，或以普通法去改造基本法。

就法律制度而言，普通法的特點是"遵循先例"，依照判案的原則引領法律的發展。因此普通法不是僵化的、一成不變的，它也要適應社會的發展而變化。既然普通法已成為香港法律的一個組成部分，如何調整普通法與基本法以及成文法的關係，這也是實現香港憲制和諧發展的一個重要方面。在實施基本法的過程中，一方面，要在基本法這一根本規範的基礎上，保證其作為憲制性法律的效力，樹立基本法應有的權威和尊嚴；另一方面，也要使普通法不斷適應香港社會的發展，循序漸進地推進普通法的變革，逐步完成普通法的適應化，形成一個理想的、能使"九七"後的普通法與香港新的憲制秩序和諧一致的機制。

第四章

對香港基本法的評價

由於起草香港基本法是一項無先例可循的事業，香港基本法能否將"一國兩制"構想制度化、法律化，基本法文本能否符合香港實際情況、為各方接受，是一項重大課題。基本法制定得到底怎麼樣，可以看一下《香港基本法（草案）》文本落定之後各方面的反應。

一、鄧小平的即席講話

鄧小平十分關注香港基本法的起草工作。在香港基本法起草過程中，他三次會見了草委會委員。第一次會見是 1985 年 7 月，當時草委會剛剛成立，召開了第一次全體會議，會議結束時，鄧小平在人民大會堂與草委會的五十多名委員合影。雖然那時他並沒有講話，但提出了一個大的指導思想 ——"宜粗不宜細"。第二次會見是 1987 年 4 月 16 日，鄧小平在會見草委會委員時對基本法的起草指出要求："基本法是個重要的文件，要非常認真地從實際出發來制定。我希望這是一個很好的法律，真正體現'一國兩制'的構想，使它能夠行得通，能夠成功。"第三次會見是在 1990 年 2 月 17 日，當時是草委會第九次全體會議，鄧小平在會見草委會委員時發表即席講話："你們經過將近五年的辛勤勞動，寫出了一部具有歷史意義和國際意義的法律。說它具有歷史意義，不只對過去、現在，而且包括將來；說國際意義，不只對第三世界，而且對全人類都具有長遠意義。這是一個具有創造性的傑作。"鄧小平的這個講話，可以說是對香港基本法的高度評價。對鄧小平給基本法的這個評價，我至今仍在消化之中。

二、基本法草委、諮委的評價

　　基本法草委會委員、諮委會委員參與了基本法的起草、討論、諮詢等過程，對基本法的條文有更直接和深刻的理解，他們對基本法的評價值得予以關注。我當時收集了不少媒體對草委會委員的採訪報道，可以從這些新聞報道中看到他們對基本法的評價。如草委會副主任委員費孝通認為，"經過草委們長達四年多的辛勤工作，才產生出今天的基本法草案。這是一個了不起的工程。""可以說，基本法是民主協商的成果。我們大家都應該珍惜它"。草委李嘉誠表示，對通過的《基本法（草案）》感到相當滿意，他認為基本法的起草工作是成功的，有關的政治、經濟法律條文適合香港的實際情況。中共是真心真意想維護香港安定繁榮的。1990 年 2 月 18 日，草委鄔維庸、黃麗松、黃保欣從北京抵達香港時表示，在草擬基本法的過程中，香港草委已盡了最大的努力，《基本法（草案）》是雙方協調產生出來的，他們對《基本法（草案）》感到滿意。

三、香港高校學者、媒體、社會團體的評價

香港高校學者認為《基本法（草案）》可以為港人接受。如香港理工學院李明坤認為，基本法的完成，使"一國兩制"的構想得以在法律層面落實；而更重要的一個意義在於，當基本法由全國人大通過頒佈時，可以使全國人民看到基本法所反映的香港與內地不同的社會制度、價值觀念和生活方式，使大家認識到兩種制度的異同之處，今後更好理解對方。香港大學薛鳳旋、陳弘毅認為，大家應該認同《基本法（草案）》為香港未來發展定下的架構和基礎，並開始考慮如何運作，以及在基

本法範疇下發揮最大的功能。香港浸會學院黃枝連希望各界揚棄偏見，特別是盲目與北京政府唱反調的極端態度，重新合作，共同建設香港。

　　當時大部分的香港媒體對《基本法（草案）》的評價比較正面。比如《文匯報》社論指出，"在基本法條文中，作了反覆的修改，能夠滿足港人的，都儘量滿足。即使是以反對派面貌出現的一些人士，也不得不對此作過肯定的表示。在第九次草委大會表決了基本法條文和通過新政制方案之後，多數港人都認為這些條文對港人的利益作了保障，可以接受。"《天天日報》社論指出，修訂過的香港政制方案，"中英港三方面"都同意。草委會通過的政制方案，比 1988 年政制白皮書向民主邁開大步。《明報》社評指出，"總體來說，草案內容符合《中英聯合聲明》，努力企圖建立一國兩制的構想，對港人的自由、法治以及維持原有社會制度與生活方式都有詳盡的規定，應當是可以滿意的。"《華僑日報》社論指出，"任何一個方案難令每一個人都滿意，任何一種政制都有人反對的，以基本法的特殊性與複雜性更不能例外，但除非不承認香港需要有一個基本法，或否定了草委會的資格，否則，由全體大會通過而又獲少數派的港委所接受的方案，再量度各方的反應，我們就該以它為一個明朗目標，齊心合力向這目標進發，盡力發揮它的優點，而避免或可能有的缺點。"

香港的一些社會團體對基本法予以積極評價。比如，香港工聯會理事長鄭耀棠認為，《基本法（草案）》的制定，為香港勞動階層提供了安居樂業的基礎，工聯會將積極推廣和宣傳基本法。新界社團聯會會長李連生表示，整體上歡迎《基本法（草案）》通過，其中規定的政制模式方案，綜合了各方案中的長處，照顧了各階層的利益，新界社團聯會將在過渡時期為政權的順利交接、平穩過渡而努力。港九小商販聯誼會秘書黎德烈認為，140 多年來，香港的"草根階層"沒有參政權利，權貴人士才有發言權。基本法在諮詢期間，"草根階層"能與社會各階層平等參與、發表意見，共同爭取自身權益。有人認為基本法沒有民主，這不符合實際。香港汽車交通運輸業總工會主席龔志強認為，有關基本法不民主的提法並不公平，我們親身體會到基本法的整個諮詢過程是民主開放的。香港美國商會會長康原認為，香港基本法為保證九七之後香港繼續作為一個國際貿易中心、國際金融中心、一個富有吸引力的投資地提供了一個好的框架。他專門研究了基本法有關經濟的部分，認為其中很多條款對九七之後香港保持現行的經濟制度、保持經濟發展的自主權十分重要。

四、全國人大代表、政協委員的評價

1989 年 2 月，七屆全國人大常委會審議基本法草案。在分組審議時，部分委員的觀點給我留下了深刻印象。比如，何英委員認為，這部法律是我國政治生活中的一件大事，是我國法制建設的創舉。它符合中國國情，符合包括港澳同胞、台灣同胞、海外僑胞及所有炎黃子孫的利益和願望，是和平統一祖國大業的重大勝利，對完全實現祖國統一將產生重大影響。馬萬祺委員認為，基本法的制定表明"一國兩制"設想是可以實現的，當下要讓香港居民更深入地理解這部法律，從而增強對香港前途的信心。

1990 年 3 月，七屆全國人大三次會議通過了《關於〈中華人民共和國香港特別行政區基本法（草案）〉的審議程序和表決辦法》。這個辦法規定：

審議《中華人民共和國香港特別行政區基本法（草案）》，由各代表團審議，並由法律委員會根據各代表團的審議意見進行統一審議，向主席團提出審議結果報告，主席團審議通過後，印發會議，並將草案提請大會全體會議表決。《香港特別行政區基

本法（草案）》整個草案一次表決，由全體代表的過
半數通過。採用按表決器方式表決。如表決器在使
用中臨時發生故障，改用無記名投票方式表決。

我印象最深刻的是全國人大台灣代表團部分代表的
觀點。全國人大台灣代表團討論香港基本法草案時，認
為此法對解決台灣問題有示範作用。如台盟中央主席團
主席蔡子民認為，《香港基本法（草案）》的制定有三個
特點：第一，明確內地堅持搞社會主義，香港實行資本
主義制度。它充分考慮了香港的特點、情況，照顧了香
港居民的習慣和利益。第二，制定香港基本法，發揚了
民主，廣泛聽取內地各省、市、自治區和各民主黨派、
團體的意見，並在香港廣泛徵求意見、反覆討論後，逐
條以 2/3 的多數票通過。第三，香港基本法草案充分考
慮到保持香港的穩定繁榮。他強調，香港基本法對海峽
兩岸的統一有示範意義，台灣與香港雖然情況不同，但
同樣是祖國統一問題，"一國兩制"完全適用於台灣。
台聯會長林麗韞代表認為，香港基本法的制定過程有利
於消除台灣同胞的疑慮，增強他們對祖國統一的向心
力，基本法的實施將對海峽兩岸走向統一產生非常積極
的作用。李辰代表認為，新中國成立後，在中國共產黨

領導下，我國在政治、經濟和科技文化等領域取得很大成就，國力增強，因此才有能力在 1997 年恢復對香港行使主權。香港基本法為香港繁榮穩定提供了法律保障，也為解決台灣問題提供了可供借鑒的範例。

因為全國人大、全國政協會議基本同期召開，當時的港澳地區全國人大代表、全國政協委員對《香港基本法（草案）》的觀點也值得關注。如徐是雄代表認為，基本法草案是一部創新的法律，在無先例的情況下，草委會能草擬出這樣一部法律，值得讚賞。香港大律師胡鴻烈委員認為"基本法很好地體現了'一國兩制'精神，也符合《中英聯合聲明》。這部法既維護了國家的統一，又考慮到香港的歷史和現實情況，給予香港高度的自治權，是能夠保障香港的安定與繁榮的。"張永珍委員認為，少數人對基本法草案還有些意見，這是正常的，一部法律不可能面面俱到，不可能得到百分之百的支持，基本法照顧了絕大多數港人的利益已經很可貴了。陶開裕委員認為，香港基本法草案按循序漸進的原則，使政制體制能平穩過渡，港澳情況雖然不同，但正在草擬的澳門基本法草案可以香港基本法草案為藍本。

五、澳門基本法草委、諮委的評價

在七屆全國人大審議香港基本法草案時，澳門基本法起草委員會、諮詢委員會均已成立。澳門基本法草委、諮委對香港基本法的評價也值得關注。如澳門基本法起草委員會副主任、基本法諮委會副主任何厚鏵認為，香港基本法的起草及諮詢過程有香港居民廣泛的關懷和參與，這本身就是一項可觀的成就。香港基本法為香港未來實行"一國兩制"勾畫了一副藍圖，它是起草澳門基本法必備的重要參考文獻，澳門人可以從中取得借鑒，協力制定出一部切合澳門實際的法典。澳門基本法起草委員會副主任薛壽生認為，凡是香港基本法條款適合澳門情況的，我們都可以參考。澳門基本法諮委會副主任唐星樵認為，澳門與香港雖處兩地，但有許多相同的地方，香港基本法的頒佈，為澳門起草基本法提供了很好的範例，也是對澳門的鼓舞。澳門基本法草委黃漢強認為，全國人大以極高的票數通過香港基本法，而且在有關的決議中強調香港基本法的法律地位及其作用，這樣高度而認真的認同，表現了中央和全國人民的決心和誠意。

六、從個人角度對基本法的評價

下面從三個方面談一下我個人對香港基本法的評價。

（一）來之不易、值得珍惜

我對基本法的理解和評價是，基本法是體現"一國兩制"的典範，它史無前例。它是兩地同胞智慧的結晶，也是普通法和內地法律制度融合的結晶。香港基本法的制定不僅對澳門的順利回歸產生了重大影響，對海峽兩岸的統一也將是一個示範。總之，香港基本法來之不易，非常值得珍惜。沒有基本法，我們很難想象今天的香港會是怎樣的。

就香港基本法的來之不易，我具體展開說一說。香港基本法的整個起草歷程給我的印象，就是一個字——"難"。這個"難"體現在多個方面，至少包括以下十一個方面。

1. 無先例可循，屬歷史創舉。在基本法的起草過程中，草委會曾試圖參考體現"一國兩制"的法律文件，但一無所獲。

2. 內地和香港兩地在制度上、觀念上和文化上有著重大差異，甚至在語言上和行文習慣上也有不同。在這種情況下，制定一部雙方都能接受的法律，其難度可想而知。

3. 香港是一個多元化的社會，與內地的立法不同，它不僅要體現廣大人民群眾的意志和利益，更要體現香港各階層的利益。這是對制定基本法的一個特殊要求，從而也帶來了立法上的難度。

4. 基本法與《中英聯合聲明》的關係。有人曾提出，《中英聯合聲明》中有的內容一個字不能少，沒有的內容一個字不能加。這裏的問題是，中方雖在《中英聯合聲明》中申明了對香港的基本方針政策並將付諸實施，但《中英聯合聲明》是不是制定基本法的依據？基本法的內容與《中英聯合聲明》中載明的基本方針政策是什麼關係，也是值得慎重斟酌的問題。

5. 香港居民的信心問題貫徹始終。其實，在基本法起草之前，就提出了這個問題。1984 年 6 月 22 日，鍾士元等人首次訪問北京，鄧小平接見了他們。鍾士元等人講述了香港人面對九七回歸的三個主要擔心：一是擔心將來的港人治港，有名無實；二是擔心"九七"之後，中國處理香港事務的中低級幹部，在執行上不能落實中央的政策，處處干擾；三是擔心將來的領導人改變現行國策，否定"一個國家，兩種制度"的政策，使五十年不變的承諾落空。1986 年 1 月 4 日，香港立法局議員張人龍要求在港調研的魯平解釋《中英聯合聲明》內部分文字的定義，以消除港人的疑惑。張人龍強調，對有關字眼的疑惑須在基本法制定之前消除，才能增強港人的信心。比如，他舉例說《中英聯合聲明》中的"選舉"，並沒有訂明是直接選舉、間接選舉或是民主協商選舉。總之，在起草基本法的過程中，解決了一個信心問題，又會滋生另一個信心問題。這給人的印象是，中央給予香港居民的"定心丸"，其療效是有時間性的。因此，要不斷地把香港居民的信心問題作為起草工作的一個要素加以考慮，而且還要考慮這種信心問題的緣由及其合理性。

6. 來自英方的干擾。在基本法的起草過程中，英方不斷打出"民意牌"、"信心牌"、"國際化牌"。例如，基本法的核心內容之一是實行"港人治港"，但 1989 年 12 月英方便宣佈了"居英權法案"，要給香港 5 萬個家庭、22.5 萬人以完全的英國公民地位，且可延續至 1997 年之後，其意圖就是變"港人治港"為"英人治港"。類似的干擾不計其數，要不斷地加以應對。

7. 基本法作為憲制性法律應是原則性的，因它畢竟不是"法律大全"。鄧小平曾指示，基本法"宜粗不宜細"。但在徵求意見的過程中,卻有意見提出,基本法過於原則將不易操作。稍作細化(如第六章的規定)後,又有意見反映說過細的規定會束縛港人的手腳。基本法現在呈現的粗細不均的現象,就是這一背景的反映。

8. 基本法的核心內容是要體現"一國兩制"。它既要維護國家的統一,又要有利於香港實行高度自治。這二者的關係必須作恰當處理,否則基本法的價值就會大打折扣。

9. 區旗、區徽的難產。(詳見本書第七章的論述)

10. 駐軍的障礙(演練)。

11. 需要三方都能接受。

總之,基本法的起草給我最深的感受就是一個字 —— "難"。但不管怎樣,它在全國人大表決時,獲得出席代表 2713 人中 2660 人投贊成票。因此,可以說基本法是全國人民意志的反映,更是香港各階層利益的反映。香港基本法生效以來的實踐證明,它在把"一國兩制"法律化方面是很圓滿的,各方面也都是接受的,在香港特別行政區成立後所起的作用也是有目共睹的。

(二)精雕細琢、一字千金

之所以說香港基本法"一字千金",主要有三方面原因：

　　第一，起草基本法用的時間成本很高。基本法的起草工作，從 1985 年 7 月至 1990 年 2 月，歷時四年八個月。在此期間，共召開 9 次草委會全體會議，25 次主任會議，2 次主任委員擴大會議，73 次專題小組會議，3 次總體工作小組會議，5 次區旗、區徽評選委員會會議。此外，基本法的起草經歷了"兩下兩上"的過程，即兩次在全國範圍內徵求意見。"一下"：1988 年 4 月，草委會第七次全體會議以整體表決方式通過了《基本法（草案）徵求意見稿》，並公佈以徵求意見。"一上"：徵求意見結束後，草委會秘書處整理了《關於基本法草案徵求意見稿的意見彙集》，草委會各專題小組在廣州開會，考慮了諮委會和香港社會各界人士提出的意見後，對徵求意見稿的內容作出了不少修改。"二下"：草委會第八次全體會議通過了《基本法（草案）》，並提交給全國人大常委會。1989 年 2 月，全國人大常委會公佈《基本法（草案）》，在香港和全國各地進行為期五個月的徵求意見，後來這次徵求意見的截止時間從 7 月延長到 10 月底。"二上"：1989 年 12 月，草委會各專題小組先後在廣州舉行會議，對草委會秘書處整理的《內地各界人士對基本法（草案）的意見彙集》和諮委會整理的《基本法（草案）諮詢報告》進行了研究，並對各專題小組起草的各章條文進行了進一步的修改。1990 年 2 月，草委會舉行了第九次全體會議，通過了《基本法（草案）》。

第二，基本法的每一個條文都千錘百煉。草委譚惠珠在接受媒體採訪時說得很到位："從一開始有很多爭議，到一次次的諮詢和調研，可以說基本法中的每一個條文、每一個字眼，甚至每一個標點符號，都是經過反覆討論，最終敲定下來的。"

第三，基本法的起草不設預算限制。香港基本法的全部起草工作沒有財政預算，各項費用實報實銷。可以說在世界立法史上，尚未發現有哪個國家為它的一個地區制定憲制性法律文件，投入如此巨大的人力、物力、時間和精力。

因此，說香港基本法是 "一字千金"，這實際是一個雙關語，既指它的起草開支，也指它的內容價值。

（三）準確實施、慎言修改

基本法是全國人民（當然也包括香港同胞）意志的反映和利益的代表。它的執行是有國家強制力作後盾的。嚴格執行基本法是香港作為法治社會的內在要求，也是香港社會的文明標尺。逆基本法而動或將基本法置之度外，將會帶來嚴重後果。嚴格執行基本法的基礎條件是社會全體成員的正確理解和正確評價，因此，大力宣傳基本法，在香港社會形成崇尚基本法的氛圍是香港更加燦爛的保證。

同時，要客觀看待基本法實施過程中出現的各種問題，畢竟一項方針被認同，一部全新法律的實施，總要有個過程。在實施過程中出現這樣那樣的問題是不可避免的。在新舊交替的社會轉換過程中，一般都會伴有或大或小的陣痛。香港在歷經滄桑之後已重歸祖國懷抱，在歷史變革中，在"一國兩制"這一歷史性的課題面前，即使在最順利的情況下，也需要一定時期的相互磨合、相互適應。

對基本法在實施過程中出現的各式各樣的問題，有人認為都是由於基本法存在缺陷造成的。其中，有人認為給了特區不該給的權能（如終審權）；有人認為中央在特區的權能規定得不夠明確、具體，或說基本法對中央在特區的權能限制過多，因此，有必要修改基本法。我認為，現階段修改基本法的迫切性尚不存在。理由是：（1）基本法在實施過程中所出現的問題，其原因是比較複雜的。有的問題是由於不了解基本法內容的立法原意，導致理解上的偏差造成的；有的是套用別國的法律制度、法律觀點，用以理解基本法的內容而導致問題的發生；還有的則是基於政治上的考慮，有意製造憲制秩序的混亂。我們只有對產生問題的原因作出理性的分析、判斷才能找出有針對性的解決辦法。將不同原因所產生的問題一概歸結為基本法本身的問題，這無助於問題的根本解決。（2）基本法雖不是十全十美、無懈可擊，但它並沒有游離於"一國兩制"的構想，也不存在會影響保持特別行政區長期繁榮、穩定的條款。也就是說，它沒有必須修改的硬傷。（3）在基本法是否需要修改這個問題上，可供借鑒的是中央關於修改憲法的指導思想，即可改可不改的暫不改。這個修改原則對基本法也是適用的。所有這一切，對保持憲制性文件的相對穩定性都是必要的，對特別行政區的長期繁榮、穩定也是有利的。

眾所周知，基本法作為憲制性文件，它不是法律大全，對有些具體問題的確未作明確規定，這是憲制性文件的特性。而且起草基本法時也不可能預見此後若干年可能出現的實踐中的細節問題。因此，基本法即便有不甚完備之處，靠特區相關部門和行政長官的睿智給以正能量，加之中央在必要時的釋法發揮其解釋原意和補充規定的功能，這些不完備之處都是可以彌補的。特別是行政長官的政治智慧將在這方面發揮重要作用，因為行政長官負有執行基本法的職權。如果把上述解決問題的方案概括表述一下，我覺得中國共產黨十八大報告中的一句話十分恰當："全面準確貫徹'一國兩制'、'港人治港'、'澳人治澳'、高度自治的方針，必須把堅持一國原則和尊重兩制差異、維護中央權力和保障特別行政區高度自治權、發揮祖國內地堅強後盾作用和提高港澳自身競爭力有機結合起來，任何時候都不能偏廢。"

第五章

香港基本法的核心內容

關於香港基本法的核心內容，可以從三個關鍵詞來說，即"一國兩制"、"港人治港"、高度自治。香港人特別關注這三個詞是否出現在中央有關文件的表述之中。2018 年的國務院工作報告中只提了"一國兩制"，而沒有提"港人治港"、高度自治，香港輿論對此十分關注，有些人就武斷地認為中央不再重視"港人治港"、高度自治，這顯然是過於緊張和敏感了。下面圍繞這三個關鍵概念，我談一下其中的豐富內容。

一、關於"一國兩制"

（一）"一國兩制"的憲法依據

在我國現行憲法中並沒有明確出現"一國兩制"的字眼，而是表述為特別行政區制度。1982 年 12 月，五屆全國人大五次會議通過的憲法第 31 條明文規定："國家在必要時得設立特別行政區。在特別行政區內實行的制度按照具體情況由全國人民代表大會以法律規定。"
彭真在作憲法修改草案報告時對這條規定作了解釋:"在
維護國家的主權、統一和領土完整的原則方面,我們是
決不含糊的。同時,在具體政策、措施方面,我們又有
很大的靈活性,充分照顧台灣地方的現實情況和台灣人
民以及各方面人士的意願。這是我們處理這類問題的基
本立場。"這一解釋僅僅規定了台灣問題,並未規定香
港、澳門問題。對此,王漢斌作了如下說明:"當時中英
關於香港問題談判剛剛開始,中葡關於澳門問題的談判
還沒有開始。因此,彭真在關於修改憲法草案的報告中
只能提台灣,沒有提香港、澳門,但又說了'這是我們
處理這類問題的基本立場'"。除了憲法第 31 條規定之
外,相應地,憲法在第 62 條第 13 項關於全國人大的職
權中規定:"決定特別行政區的設立及其制度。"後來,
2004 年修改憲法時,將憲法第 59 條修改為"全國人民
代表大會由省、自治區、直轄市、特別行政區和軍隊選
出的代表組成",在全國人大組成中明確了特別行政區的
地位。

　　由於憲法第 31 條允許在特別行政區由全國人大根
據具體情況以法律規定其所實行的制度,就為香港特別
行政區保持其原有的資本主義制度提供了充足的法律依

據。有人看到憲法中有"四個堅持"和關於社會主義制度是國家的根本制度、禁止任何組織和個人破壞社會主義制度等一系列規定，因而懷疑基本法同憲法有抵觸，並且擔心今後基本法有可能因同憲法抵觸而被否定。為打消這種顧慮，1990年4月4日，七屆全國人大第三次會議通過了《關於〈中華人民共和國香港特別行政區基本法〉的決定》，明確規定：香港基本法是根據《中華人民共和國憲法》、按照香港的具體情況制定的，是符合憲法的。

（二）"一國兩制"屬於基本政治制度

一般認為，我國的根本政治制度是人民代表大會制度；我國的基本政治制度則包括：中國共產黨領導的多黨合作和政治協商制度、民族區域自治制度、基層群眾自治制度。基本政治制度是指一國由憲法規定，並由基本的法律將憲法條款加以具體化，用以處理社會公共事務的重要治理模式和規則體系。對照這一關於基本政治制度的定義，"一國兩制"顯然也屬於基本政治制度。

"一國兩制"是中國共產黨綜觀國際形勢，根據我國的國情，從實際出發，在尊重歷史和現實的基礎上提出的解決港、澳、台問題，實現國家統一的一項基本國策。它是中國特色社會主義的重要組成部分，是一種極具創造性的科學構想。它的基本內容大體包括：1."一國"與"兩制"有主次之分，不是平行關係。"一國"是實行"兩制"的前提和基礎。在我國單一制條件下，"一國"必然要求有統一的中央，香港特區則是中央人民政府管轄下的一級地方政權。香港特區與中央政府的關係是地方與中央的關係。"一國兩制"只是解決香港問題的一個重要方針（辦法），不能把辦法當作最終目的。因此，正確地理解"一國兩制"必須有國家觀念。2. 國家的主體部分實行社會主義制度，特別行政區可以實行原有的資本主義制度，兩種制度並存。3. 特別行政區享有高度自治權，由當地人管理，即"港人治港"、"澳人治澳"。4. "一國兩制"不僅有我國憲法的依據，而且有特別行政區基本法的保障。

國家對香港恢復行使主權以來的實踐證明，"一國兩制"已經從一種極具創造性的科學構想變成為活生生的現實。實踐證明，它不僅是可行的，而且是成功的，是一種極具生命力的制度。但隨著實踐的豐富和形勢的發展，"一國兩制"的內涵也要與時俱進。我們當前面臨的課題主要還不是這一制度的成敗問題，而是如何完善這一制度的內涵問題。"一國兩制"的完善與發展涉及到中國共產黨在發展戰略中提出的理論創新和制度創新，因而，如何在實踐中豐富這一制度的內涵將成為今後保持這一制度生命力的重要課題。我們也看到，2019年10月召開的中國共產黨十九屆四中全會已經強調"堅持和完善'一國兩制'制度體系"。

在"一國兩制"的內涵中，"一國"的涵義是固化的，但對"兩制"的理解尚需深化，而且基本法給了"兩制"發展的空間。例如，高度自治權在基本法中並未被限死，根據基本法第20條規定，香港特別行政區可享有全國人大和全國人大常委會及中央人民政府授予的其他權力。"一國兩制"的完善不能轉向，也不能異化："不能轉向"就是說不能變成"一國一制"；"不能異化"就是說不能將"兩制"脫離"一國"，只能是在"一國"的框架下拓展"兩制"的內容，而且"一國兩制"的完善也不能脫離它的終極目標，即要維護國家統一和領土完整、保持特別行政區的繁榮與穩定。此處特別要強調一下對"繁榮"和"穩定"的理解，真實的"繁榮"要靠經濟可持續發展作支撐，積極的"穩定"要靠解決民生問題作保證。脫離了"一國兩制"的終極目標，對它的所謂"完善"都將不僅毫無意義，而且在實際上是一種倒退。

在拓展"兩制"內容的過程中，有幾點值得我們思考：

第一，基本法規定特別行政區保持原有的資本主義制度和生活方式，五十年不變（基本法第 5 條）。這裏說的"五十年不變"不是一個時間概念，也不意味著什麼都不能變。比如，為了謀求香港的繁榮，它的產業結構要不要調整，它的經濟政策會不會改變？又比如，特區的民主是否要推進，它的選舉制度會不會變好，等等。總之，不能僵化地理解"五十年不變"，畢竟"發展是硬道理"，"改革是發展的道路"。2021 年 3 月 11 日，全國人大作出《關於完善香港特別行政區選舉制度的決定》，授權全國人大常委會修改基本法附件一、附件二，就是在"變"，就是在修訂香港特區的選舉制度，推動香港民主政制的有序發展。

第二，"兩制"的並存是基於對歷史和現實的考慮，有它的正當性和必要性，但"兩制"並存於"一國"之內，不同的社會經濟制度、法律制度，以及意識形態必然有衝撞、矛盾，也有內地與特區利益的博弈。對這些問題的解決，中央和特區政府都要從國家的整體戰略出發，創設出"兩制"共贏的局面，內地和香港同胞都要共同維護國家的主權、安全和發展利益，捍衛中華民族強盛復興的共同利益，共同實現“中國夢”。比如，2020 年 6 月 30 日，全國人大草委會通過的《中華人民共和國香港特別行政區維護國家安全法》明確規定了中央人民政府對香港特別行政區有關的國家安全事務負有根本責任，香港特別行政區負有維護國家安全的憲制責任。

第三，“一國兩制”的基本內涵是通用的，正因如此，港澳兩部基本法在所體現的基本方針政策方面也是一致的，以至某些方面的規定也是相同的。但兩部基本法又從香港和澳門的實際出發，作出了不同的規定，這說明實施“一國兩制”在香港與澳門可以有體現自身特點的不同模式，即同為“一國兩制”而其具體內容又各有不同。因此，香港和澳門都必須走出一條適合自身發展的“一國兩制”的模式。這就要求必須擁有創新思維，在以往施政經驗的基礎上，凸顯自身的特點和優勢，強化適合自身的發展戰略，去豐富具有香港特色的“一國兩制”模式。這既是為“一國兩制”注入新的活力，也是為“一國兩制”的發展和完善所作出的貢獻。

（三）“一國兩制”在基本法中的體現

香港基本法是“一國兩制”法律化、制度化的產物，在基本法的許多條文中分別體現了"一國"和"兩制"。

1. 關於"一國"

香港是中國的領土，香港同胞同內地同胞本是同根生，都是炎黃子孫，同屬一個中華民族共同體。香港基本法關於"一國"的規定，大多基於領土、國籍要素，這些條款保證了"一國"的統一性，維護了國家的神聖主權。香港基本法明文規定：

（1）港特別行政區是中華人民共和國不可分離的部分。（基本法第 1 條）

（2）香港境內的土地和自然資源屬於國家所有。（基本法第 7 條）

（3）香港特別行政區直屬於中央人民政府。（基本法第 12 條）

（4）中央人民政府負責管理與香港特別行政區有關的外交事務。（基本法第 13 條）

（5）中央人民政府負責管理香港特別行政區的防務。（基本法第 14 條）

（6）中央人民政府依照基本法的有關規定（基本法第四章），任命香港特別行政區的行政長官和行政機關的主要官員。（基本法第 15 條）

（7）基本法的解釋權屬於全國人大常委會；修改權屬於全國人大。（基本法第 158、159 條）

（8）香港特別行政區立法機關制定的法律，須報全國人大常委會備案，如全國人大常委會認為任何法律不符合基本法有關中央管理的事務及中央與特別行政區關係的條款，可將其發回，經發回的法律立即失效。（基本法第 17 條）

（9）全國人大常委會決定宣佈戰爭狀態，或因特別行政區內發生特區政府不能控制的危及國家統一或安全的動亂，而決定特區進入緊急狀態，中央人民政府可發佈命令將有關全國性法律在特區實施。（基本法第 18 條第 4 款）

（10）香港特別行政區應自行立法禁止任何叛國、分裂國家、煽動叛亂、顛覆中央人民政府及竊取國家機密等行為。（基本法第 23 條）

（11）在特區政府各部門任職的公務人員必須是特區永久性居民。（基本法第 99 條）

（12）行政長官、特區政府主要官員、行政會議成員、終審法院和高等法院的首席法官、立法會主席、立法會至少 80% 的議員，均由在外國無居留權的永久性居民中的中國公民擔任。（基本法第 44

條、第 55 條第 2 款、第 61 條、第 67 條、第 71 條
第 2 款、第 90 條）

2. 關於 "兩制"

內地實行社會主義制度已幾十年（五四憲法首次確
認），這是內地社會發展的必然選擇，但香港仍實行資本
主義制度。就此，基本法第 5 條已作明文規定："香港特
區不實行社會主義制度和政策，保持原有的資本主義制
度和生活方式，五十年不變。"基本法序言也規定"不
在香港實行社會主義的制度和政策"。相應的規定還有：

（1）依法保護私有財產權。（基本法第 6 條）

（2）保障金融企業和金融市場的經營自由。（基
本法第 110 條）

（3）不實行外匯管制政策……繼續開放外匯、
黃金、證券、期貨等市場。（基本法第 112 條）

（4）保障資金的流動和進出自由。（基本法第
112 條）

（5）實行自由貿易政策，保障貨物、無形財產
和資本的流動自由。（基本法第 115 條）

（四）"一國兩制"不是"一國兩治"

有人認為"一國兩制"理所當然就是"一國兩治"，中央只管主權範圍內的國防與外交事務，其他的權力都應由特別行政區行使，也就是說，主權在中央，治權在特區；高度自治就是全面自治。這等於說，特區就是一個政治實體。這種觀點是非常有害的。2014年《"一國兩制"在香港特別行政區的實踐》白皮書提出："中央擁有對香港特別行政區的全面管治權，既包括中央直接行使的權力，也包括授權香港特別行政區依法實行高度自治。對於香港特別行政區的高度自治權，中央具有監督權力。""香港特別行政區享有的高度自治權不是完全自治，也不是分權，而是中央授予的地方事務管理權。""一國兩制"只是說在"一國"之內，國家主體實行社會主義制度，香港等某些地區實行資本主義制度，但對"兩制"的治理實效，中央承擔最終的責任。

（五）堅守"一國"原則、培養國家意識對香港同胞的實際意義

2014年《"一國兩制"在香港特別行政區的實踐》白皮書對"一國"與"兩制"的關係進行了準確定位："一國"是實行"兩制"的前提和基礎，"兩制"從屬和

派生於"一國",並統一於"一國"之內。因此,沒有"一國"就沒有"兩制"。如果不採用"一國兩制"的辦法,我們也會用其他的辦法收回香港,即收回香港的時間和辦法不是只有一條的。具體來說,堅持"一國"原則、培養香港同胞的國家觀念有以下幾點現實意義:

第一,堅持"一國"就排除了"港獨"的可能性。基本法明確規定,香港特別行政區是國家不可分離的部分,是直轄於中央人民政府的地方行政區域。任何"港獨"主張都是違反基本法的,都是對香港特別行政區憲制秩序的顛覆。

第二,堅持"一國",才能保障香港居民的正常生活。在堅持"一國"的前提下,香港保持原有的資本主義制度和生活方式,五十年不變,香港居民可以"馬照跑,股照炒,舞照跳"。

第三,堅持"一國",我們的駐軍保障了香港的安全。在"一國"的前提下,我國派駐了香港駐軍,負責香港特別行政區的防務,維護國家的主權、統一、領土完整和香港的安全。

第四,堅持"一國",保障了港人可參與國家大事的討論、決定。基本法規定,香港特別行政區居民中的中國公民依法參與國家事務的管理。港區全國人大代表是代表香港特別行政區人民在我國的最高權力機關全國人民代表大會中行使國家立法權的代表，代表名額 36 人。

第五，堅持"一國"，使香港可以共享改革開放的成果。正如香港特區首任行政長官董建華所說，"香港好，國家好；國家好，香港更好。"2018 年 11 月，習近平在會見香港澳門各界慶祝國家改革開放四十週年訪問團時指出，"實現中華民族偉大復興，港澳同胞大有可為，也必將帶來香港、澳門發展新的輝煌。"

總的來說，就像習近平總書記所說："不論是過去、現在還是未來，祖國始終是香港的堅強後盾。祖國的繁榮昌盛，不僅是香港抵禦風浪、戰勝挑戰的底氣所在，也是香港探索發展新路向、尋找發展新動力、開拓發展新空間的機遇所在。"

二、關於高度自治

（一）"五十年不變"非時間概念

基本法規定，香港保持原有的資本主義制度和生活方式，五十年不變。這裏所說的"五十年"不是一個時間概念，這裏所說的"不變"是指其制度和生活方式的性質不變，具體制度和習俗視發展自定。生活方式五十

年不變的可能性不大，因為它總是要隨著社會的發展而
變化。基本法這一規定的用意無非是安定民心。正如鄧
小平 1988 年 6 月 3 日在會見"九十年代的中國與世界"
國際會議全體與會者時講的那樣，"五十年只是一個形
象的講法，五十年後也不會變。前五十年是不能變，
五十年之後是不需要變"。

（二）香港資本主義制度的特點

我認為，香港資本主義的突出特點有兩個：（1）以
自由競爭為基礎。英國佔領香港後，將資本主義制度引
入香港，雖然英國後來發展為壟斷資本主義，但香港仍
保留自由競爭的特色。（2）香港的經濟屬於區域性經
濟，資源匱乏決定了它的依賴性，既有與世界資本、跨
國公司的聯繫，又有與內地的聯繫。香港之所以能"貿
易通四海，財源達五洲"，是因它實行資本主義制度，同
世界各國的經貿體制接軌，採用各國熟悉的法律制度。
如改變這些特點，香港就不成其為香港，也不符合中國
的戰略需要。因此，維護香港的社會特色和經濟功能是
中國的戰略需要，即，這不僅符合香港同胞的利益，也
是中國現代化建設的需要和中國長遠利益所在。

說到香港回歸後的"三個不變"，即現行的社會經

濟制度不變、生活方式不變、原有法律基本不變，有人
對此不理解：為什麼還要保持資本主義制度和生活方
式，且五十年不變呢？對這一問題，鄧小平早就給出了
答案：解決香港問題有兩種方式，一種是非和平方式，
一種是和平方式，要和平解決就得考慮中、英、港的實
際情況，就是說，解決的辦法三方均接受。如用社會主
義制度來統一香港，就做不到三方都能接受。勉強接受
了，也會造成混亂。即使不發生武力衝突，香港也變成
一個蕭條的香港、後遺症很多的香港，不是我們所希望
的香港，而保持其繁榮、穩定是符合中國的切身利益
的。我們講"五十年不變"，不是隨隨便便、感情衝動而
講的，是考慮到中國的現實和發展的需要。

香港實行資本主義制度"五十年不變"，是否會對
內地產生影響呢？我認為，這改變不了我國的社會主義
性質。原因有三：（1）兩種制度不是平起平坐，而是有
主、有次。香港的資本主義起不了決定性作用，因其人
口只為內地的二百分之一，面積只是內地的萬分之一，
無論香港如何發展也不會動搖社會主義經濟的統治地
位。（2）香港是中央人民政府領導下的地方政府，它無
損於中央政府的地位和權威，也不會影響內地政治制度
的運行。（3）我們不是把兩種對立的制度融合在一起，

而是分別在兩個地區實行，"井水不犯河水"。由於同屬一個國家，因而可以協調二者的矛盾。

第五章 香港基本法的核心內容

（三）高度自治權是通過比較而存在的

高度自治很難從學理上給以準確、科學的定義，只能通過比較而掌握它的概念。可以通過與內地的民族自治地方、聯邦制下的成員單位進行比較，來把握特別行政區享有的高度自治權。

1. 與內地民族自治地方比較

特別行政區、內地的民族自治區，都是我國享有地方自治權的行政區域。把兩者享有的立法權進行比較，可以發現五方面的差異。

第一，立法機關不同。特別行政區的立法機關是立法會，民族自治區的立法機關是人民代表大會。特區的行政機關、司法機關並不是立法會產生的，而民族自治區的人民代表大會是統一行使國家權力的機關，自治區政府、人民法院、人民檢察院都由它產生，對它負責並報告工作。

第二，立法依據不同。香港基本法第 11 條規定，根據我國憲法第 31 條，特別行政區的制度和政策，包括社會、經濟制度，有關保障居民的基本權利和自由的制

165

度，行政管理、立法和司法方面的制度以及有關政策，均以基本法的規定為依據。特別行政區的任何法律均不得同基本法相抵觸。顯然，基本法是香港立法會的唯一立法依據。作為比較，我國憲法第 116 條規定，民族自治地方的人民代表大會有權依據當地民族的政治、經濟和文化的特點，制定自治條例和單行條例。我國《民族區域自治法》第 20 條規定，"上級國家機關的決議、決定、命令和指示，如有不適合民族自治地方實際情況的，自治機關可以報經該上級國家機關批准，變通執行或者停止執行。"顯然，我國憲法和《民族區域自治法》是自治區人民代表大會的立法依據。

第三，立法的權限和範圍不同。特別行政區的立法權限大，立法範圍廣。根據基本法的規定，除了外交、國防和其他與國家主權有關的事項外，特別行政區立法會有權就自治範圍內的所有事項立法。全國性法律除列入基本法附件三者外，不在特別行政區實施。而根據我國憲法和《民族區域自治法》的規定，自治區的人民代表大會必須保證憲法和法律在本行政區內的遵守和執行。因此，對所有全國性法律，自治區都要認真貫徹執行。自治區的人民代表大會在制定自治條例、單行條例時，只能根據本地方的情況，在不違背憲法和法律的原則下，採取特殊政策和靈活措施。

第四，立法的監督不同。根據基本法的規定，特別行政區立法機關制定的法律須報全國人大常委會備案，備案不影響法律的生效。而自治區的自治條例和單行條例須經全國人大常委會批准後才能生效。

第五，立法目的不同。特別行政區立法機關制定的法律是特別行政區資本主義法律體系的重要組成部分，其作用主要是保障特別行政區的資本主義經濟、政治制度，確認和保障特別行政區居民的權利和自由，維護社會各階層的利益。自治區的自治條例和單行條例則是我國統一的社會主義法律體系的重要組成部分，其作用主要是保障民族自治權的實現，加強和發展各民族平等、團結、互助、和諧的社會主義民族關係，加速發展少數民族的經濟文化事業，促進各民族的共同繁榮。

2. 與聯邦制國家的成員單位比較

如果把特別行政區享有的高度自治權與聯邦制國家成員單位的權力進行比較，可以發現有以下幾個方面的不同：

第一，二者分權的性質不同。聯邦制下的分權建立在各成員單位將自己固有的權力轉讓一部分給聯邦中央政府的基礎之上，成員單位處於授權者的地位，聯邦中央處於受讓者的地位。而中央與特別行政區的權限劃分則是建立在中央向特別行政區授權的基礎上，特別行政區本身沒有固有權，中央的權力是依據國家主權原則所固有的。特別行政區的高度自治權是中央按照"一國兩制"方針依法授予的，中央是授予者，因此，特別行政區的自治權具有派生性和從屬性，從而也不存在所謂"剩餘權力"問題。在權力劃分中未獲中央授予的權力，由中央政府保留；如果特區需要，只能按法定程序，由中央政府另行授予。關於這一點，基本法第 20 條已有明確規定。

　　第二，分權的目的不同。聯邦制下的分權，目的在於保證各成員單位固有的權利和利益。通過分權，一方面可發揮聯邦政府的協調作用，保護地方的利益；另一方面，也可規範和限制聯邦政府的權力，使其不得侵犯成員單位的權益。而我國中央與特別行政區的權限劃分則有雙重目的：一是要保障國家主權的統一，維護國家的整體利益；二是要保障特別行政區的自治權益，保障特區的繁榮與穩定。

　　第三，分權的方式不同。在聯邦制下，對聯邦政府的權力一般採取列舉式。憲法未規定由中央行使的權力，都由成員單位保留，分權雙方的憲法地位是平等的。而基本法對中央與特別行政區權限的劃分，對雙方都是採取列舉式，權責分明而具體。由於二者的憲法地位是不同的，它們不是平行的關係，而是處於不同地位的從屬關係，因此，這種權限劃分是以基本法的形式予以規定的。

第四，分權的內容和範圍不同。就中央權力而言，在聯邦制下，聯邦政府擁有國防、外交、財政和交通、郵政的統一權。相較之下，我國的中央政府對特別行政區不擁有對財政的統一管理權。在這個意義上，我國的中央政府比聯邦政府的權力小。但我國特別行政區進行的許多活動來源於中央的授權，或在中央授權的情況下才能進行，而且中央有統一的制憲權，用以規範特別行政區的制度，這一點又表現為我國中央政府的權力比聯邦政府的權力要大。就地方權力而言，聯邦制下的成員單位擁有制憲權，從理論上說也有脫離聯邦而獨立的權力，這比我國的特別行政區權力大。但就實際所享有的一般立法權和其他權力而言，聯邦成員單位又比我國的特別行政區要小，尤其是財政獨立權、終審權、貨幣發行權、出入境管制權以及廣泛的處理對外事務的權力等，這些權力是聯邦成員單位所不享有的。

經過以上比較，得出的結論是：特別行政區的自

治權 —— 包括行政權、立法權和司法權都較民族自治地方要大、要高,甚至比聯邦制國家的成員單位所享有的權力都大。特別行政區的自治權雖 "高",但也有 "度",因為特別行政區畢竟不是一個獨立的政治實體,它和內地的地方單位一樣,也要受國家的直接管轄。國家對特別行政區的管治權既表現為授予特別行政區高度自治權,也表現為中央直接行使必須保留於中央的各項權力。中央的直接管治權和特別行政區的高度自治權兩者的性質是相同的,目標是一致的,後者只是實現國家主權管治的表現方式,是國家管治地方體制的重要組成部分。

(四)高度自治權在基本法中的體現

1. 基本法起草過程中對如何規定高度自治權的討論

起草過程中關於高度自治權問題,最大的分歧在於基本法以何種形式表達高度自治權。有委員認為可在基本法中設專章規定高度自治權,以此突出其在基本法中的重要地位。在此方案下,章節之間可以進行以下分工:(1)在總綱中,只就香港特別行政區享有高度自治權作為一項重要原則加以確認,對自治權本身不作具體規定;(2)在自治權一章中,集中而具體地規定自治權的種類、每項自治權的含義和行使自治權的條件；（3）政權機構一章，在規定各種機關職權時，除按機關性質列舉應由它行使的一般職權外，只確定它還行使什麼自治權，但不就該項自治權的內容再作重複表述。也有委員表示"一國兩制"就是最大的自治權，用一章單寫，會引出許多問題，如與其他章節特別是政權機構一章關於各種機關職權的規定重複。

2. 高度自治權在基本法條文中的體現

基本法中關於高度自治權的條文有：

（1）依基本法規定，享有行政管理權、立法權、獨立的司法權和終審權。（基本法第 2 條）

（2）財政獨立。特區的財政收入全部用於自身的需要，不上繳中央人民政府。（基本法第 106 條）

（3）稅收制度獨立。參照原實行的低稅政策，自行立法規定稅種、稅率、稅收寬免和其他稅務事項。（基本法第 108 條）

（4）自行發行貨幣。港元作為法定貨幣，繼續流通。（基本法第 111 條）

（5）中央派駐特區負責防務的軍隊不干預特區的地方事務。軍費由中央政府負擔。（基本法第

14 條）

（6）特區政府的代表可作為中華人民共和國政府代表團的成員，參加由中央政府進行的與香港特別行政區直接有關的外交談判（基本法第 150 條）。參加同香港有關的、適當領域的國際組織和國際會議，並以"中國香港"的名義發表意見（基本法第 152 條）。可以"中國香港"的名義參加不以國家為單位參加的國際組織和國際會議（基本法第 152 條）。

（7）在經濟、貿易、金融、航運、通訊、旅遊、文化、體育等領域，單獨地同世界各國、各地區及有關國際組織保持和發展關係，簽訂和履行有關協議。（基本法第 151 條）

（8）可以簽發中華人民共和國香港特別行政區護照和其他旅行證件。（基本法第 154 條）

（9）可根據需要在外國設立官方或半官方的經濟和貿易機構。（基本法第 156 條）

（10）在第六章中規定可"自行制定"多方面的政策。

（11）香港同胞的權利和義務。享有的權利包括生育自由、新聞自由、罷工自由等。

（五）中央全面管治權與高度自治的關係

　　在高度自治權這個問題上，有兩個具體問題值得思考：一是特別行政區自治範圍內的事務中央可否干預？干預的形式、干預的程度是什麼？完全不干預的後果又怎樣？因為在學理上，自治範圍內的事務也是"一國兩制"下的事務，還涉及到基本法的實施，一旦發生自治範圍內的事務游離於基本法的規定，或出現了損害特別行政區利益、影響了"一國兩制"大局的問題，又該如何處理？在這種情況下，中央要不要關注、警示或給予支持和援助？這又算不算是干預？二是中央對特別行政區的管治也是"一國兩制"的必然要求，但中央管治與高度自治一樣，也有個"度"的問題，其中包括管治行為法律依據及程序問題等。這兩個問題實質是如何處理中央全面管治權和特區高度自治權關係的問題。

　　"全面管治權"並非新詞，2014 年 6 月國務院新聞辦發表的《"一國兩制"在香港特別行政區的實踐》白皮書就提出，中央擁有對香港特別行政區的全面管治權，既包括中央直接行使的權力，也包括授權香港特別行政區依法實行高度自治。對於香港特別行政區的高度自治權，中央擁有監督權力。中國共產黨十九大報告再提全面管治權："全面準確貫徹'一國兩制'方針，牢牢掌握憲法和基本法賦予的中央對香港、澳門全面管治權，深化內地和港澳地區交流合作，保持香港、澳門繁榮穩定。"對中央再提全面管治權，我認為可以從以下幾方面理解：

第一，強調全面管治權的原因。雖然全面管治權的字眼在基本法中沒有明確出現，但它是理解中央與特區關係及特區地位的一把鑰匙，是實施"一國兩制"的核心問題，是不能迴避的。所以它不是一個新出現的問題，也非中央收緊了權力、是"鷹派"的主張等等。重提全面管治權，一方面，這個提法有現實針對性，非法"佔中"、旺角暴亂、個別候任議員宣誓時辱國等等，表現出某些勢力要把香港變成一個在"民主"的幌子下反對中國內地的基地。對於這些情況的出現，中央要及時亮劍。另一方面，也有內在的原因，過去我們談高度自治權多，談全面管治權少，如今在輿論的引導上和認識問題上要糾偏。

第二，何謂全面管治權？中央的全面管治權都管什麼？管不管自治權？我理解，除國防、外交外，中央對高度自治權也有管理與監督的權力。例如，行政長官經選舉或協商產生後，要由中央政府任命；香港特區立法機關制定的法律，要報全國人大常委會備案；香港特區法院司法權的行使，中央雖不對終審案件糾正錯案，但可對法院對基本法的錯誤解釋透過人大釋法予以糾正。

第三，"全面管治權與高度自治權有機結合"之意即兩個問題的緊密關聯，它們具有不可分的統一性，亦即這兩個問題是一個整體，不能孤立地談一個問題。它的結合點在於"主權"與"治權"的關係，二者不可分割。一方面，港澳地區從中國的分離是因為戰爭導致，收回港澳的提法是"恢復行使主權"而非"收回主權"，意在表明我國從未喪失過主權；另一方面，在中英談判過程中，英方就想拿"主權換治權"，這在理論上是行不通的，在實踐上是荒謬的，主權與治權不可分割是中央一貫堅持的核心觀點。

三、關於"港人治港"

1986 年 1 月 13 日，在會見港澳地區的全國人大代表和政協委員時，時任國務院港澳辦秘書長魯平指出，中國對香港的政策歸納在"十二條"裏，具體見諸《中英聯合聲明》附件一，後來有港人濃縮為"收回主權、保持繁榮、港人治港、高度自治"，"港人治港"一詞很形象化，於是我們在口頭上採用了這個概念。"港人治港"一詞雖然不夠科學化,但並不因此就不提了,其實《中英聯合聲明》附件一從頭到尾就貫徹了這四個字,起草基本法就是要把聯合聲明附件一的內容,用科學的語言寫成法律條文,把"港人治港"寫進基本法裏。因此,基本法第 3 條規定,香港特別行政區的行政機關和立法機關由香港永久性居民按本法有關規定組成。這裏應注意兩點:第一,行政長官、政府主要官員、行政會議成員、終審法院和高等法院的首席法官、立法會主席、立法會至少 80% 的議員,均由在外國無居留權的永久性居民中的中國公民擔任。中央人民政府不向香港特別行政區派遣幹部擔任政府中的職務。第二,必須以愛祖國、愛香港的港人為主體來治理香港,同時也可以吸納其他人參加管理,比如聘請外國人當顧問。

1997 年後,香港原有的社會、經濟制度和生活方式不會改變,由對此具有深入了解和豐富管理經驗的香港居民來管理香港,可以使香港居民更加放心,也有利於調動港人當家作主的積極性,同時體現了中央對香港特別行政區高度自治的尊重和對香港居民能管理好香港的高度信任。然而,英國卻利用國籍問題在過渡期大做文章,破壞"港人治港"。1984 年 12 月 19 日,中英兩國政府以互換備忘錄的形式表明了各自的立場,中國政府聲明："根據中華人民共和國國籍法，所有香港中國同胞，不論其是否持有‘英國屬土公民護照’，都是中國公民。" 英國政府也在備忘錄中作了確認。然而，1989 年 12 月，英國外交大臣赫德首次在英國下議院提出賦予部分香港居民居英權的方案，主要內容是：給 5 萬名香港 "精英人士"，包括其家庭成員在內共 22.5 萬人完全的英國公民地位，發給英國護照，無須離開香港；獲發居英權的人士包括專業界、工商界、從事教育及衛生服務人士、有特殊工藝及管理技術人士、公務員、紀律部隊人士。1990 年 4 月 4 日，在香港基本法通過的同一天，英國政府把《1990 年英國國籍（香港）法》提交下議院討論，而後三讀通過，7 月 26 日英女王簽署生效。

為了安定人心、平穩過渡，我們作出了有理、有據、有節的反應。1994 年 3 月，香港特區籌委會預委會政務小組在北京召開第六次會議，討論了香港公務員關注的若干問題，並對有關問題作出了解答。這些解答貫徹了 "港人治港" 的原則，以下摘錄一則：

如何看待因 "居英權" 取得英國居留權的公務員？

答：中國政府反對 "居英權計劃" 的嚴正立場，是針對英國政府蓄意違反聯合聲明的行徑和政治圖謀，並不是針對取得"居英權"的個人。取得"居英權"的公務員，九七年後可以繼續留在香港特別行政區工作。不過，他們的所謂"英國公民"身份不會得到中國政府的承認，也不得在香港特別行政區和中國的其他地區享受英國的領事保護。因此，由於在外國有居留權，根據基本法的有關規定，他們將和外籍人士一樣，不能擔任香港特別行政區的主要官員。

1996年5月15日，全國人大常委會通過《關於〈中華人民共和國國籍法〉在香港特別行政區實施的幾個問題的解釋》，根據該解釋，所有香港中國同胞，不論其是否持有"英國屬土公民護照"或者"英國國民（海外）護照"，都是中國公民。自1997年7月1日起，上述中國公民可繼續使用英國政府簽發的有效證件去其他國家或地區旅行，但在香港特區和中華人民共和國其他地區不得因持有上述英國旅行證件而享有英國的領事保護的權利。任何在香港的中國公民，因英國政府的"居英權計劃"而獲得的英國公民身份，根據《中華人民共和國國籍法》不予承認。這類人仍為中國公民，在香港特區和中華人民共和國其他地區不得享有英國的領事保護的權利。

同時，必須認識到"港人治港"是有界限和標準的。上世紀 80 年代在構思"一國兩制"、起草制定基本法時，鄧小平就反覆講，"港人治港"有個界綫和標準，就是必須由以愛國者為主體的港人來治理香港。2021年 1 月，習近平主席在聽取時任香港特區行政長官林鄭月娥述職報告時指出："要確保'一國兩制'實踐行穩致遠，必須始終堅持'愛國者治港'。這是事關國家主權、安全、發展利益，事關香港長期繁榮穩定的根本原則。""愛國者治港"是"一國兩制"國策和制度體系從一開始就包含的核心內涵，不是今天突然提出來的。自上世紀 80 年代初提出以來就一以貫之，從未動搖。基本法對香港特別行政區主要官員和兩個首席法官關於中國國籍的要求，對行政長官、主要官員、行政會議成員、立法會議員、各級法院法官和其他司法人員在就職時關於宣誓、效忠等方面的規定，都是"愛國者治港"的具體體現和法律化。2021 年 3 月 11 日，全國人大作出《關於完善香港特別行政區選舉制度的決定》，就是為了進一步完善香港特別行政區選舉制度，從制度上保障"愛國愛港者治港，反中亂港者出局"，消除制度機制方面存在的隱患和風險，確保香港特別行政區依法施政和有效治理，確保香港"一國兩制"實踐始終沿著正確方向前進。

第六章

一些值得關注的問題

　　香港基本法起草完成之後，要高度重視基本法的實施。在基本法實施過程中要特別關注一些重大問題，確保"一國兩制"實踐不走樣、不變形。接下來，我談七個問題。這七個問題是理論問題，更是實踐問題。

一、基本法的解釋

　　香港基本法關於基本法解釋的規則規定在第 158 條，共四款：

　　　　基本法的解釋權屬於全國人民代表大會常務委員會。

　　　　全國人民代表大會常務委員會授權香港特別行政區法院在審理案件時對本法關於香港特別行政區自治範圍內的條款自行解釋。

　　　　香港特別行政區法院在審理案件時對本法的其他

條款也可解釋。但如香港特別行政區法院在審理案件時需要對本法關於中央人民政府管理的事務或中央和香港特別行政區關係的條款進行解釋，而該條款的解釋又影響到案件的判決，在對該案件作出不可上訴的終局判決前，應由香港特別行政區終審法院請全國人民代表大會常務委員會對有關條款作出解釋。如全國人民代表大會常務委員會作出解釋，香港特別行政區法院在引用該條款時，應以全國人民代表大會常務委員會的解釋為準。但在此以前作出的判決不受影響。

　　全國人民代表大會常務委員會在對本法進行解釋前，徵詢其所屬的香港特別行政區基本法委員會的意見。

基本法第 158 條涉及以下幾個問題：

（一）人大常委會的解釋與香港特區法院的解釋的區別

　　第一，權力來源不同。全國人大常委會的解釋權來自憲法第 67 條第 4 項的規定，是作為最高國家權力機關常設機關的"固有權"，和最高國家權力機關固有的立法權來源一致。基本法第 158 條第 1 款的本意就是要體現憲法規定的解釋制度，體現"一國"。香港特區法院的解釋權是由最高國家權力機關通過基本法授予的，其中考慮了香港的普通法解釋制度。

第二，人大解釋權在理論上是無條件的，對全部條款均可解釋。香港特區法院的解釋權是有條件的、受制約的，須結合具體案件進行解釋，對自治範圍外的條款雖然也可以進行解釋，但設定了條件。

第三，全國人大常委會的解釋屬於立法解釋，香港特區法院的解釋屬於司法解釋。全國人大常委會的解釋具有最終權威，即"終極力"，它的解釋不具有司法的可上訴性。

（二）五次人大釋法

1. 第一次釋法

1999 年 6 月 26 日，九屆全國人大常委會第十次會議通過《關於〈香港基本法〉第二十二條第四款和第二十四條第二款第（三）項的解釋》。

此次釋法的背景：當時出現了一個居港權案件。一個人在內地生了兩個孩子，當時他還不是香港居民，後來他到香港住滿七年，成為香港永久居民。根據終審法院判決，這兩個孩子也成為港人。時任香港特區行政長官向國務院寫報告反映終審法院判決後特區面臨的困難和問題，請求國務院提請全國人大常委會釋法。

需關注的問題：第一，法院的"判例"被人大的解釋所取代，這符合"制定法優於判例法"的普通法原則。第二，香港特區法院應提請解釋而未提請解釋，這種情況該怎麼辦？行政長官提請解釋是否干預司法獨立？

2. 第二次釋法

2004 年 4 月 6 日，十屆全國人大常委會第八次會議通過《關於〈香港基本法〉附件一第七條和附件二第三條的解釋》。

此次釋法的背景：香港社會對基本法附件一第 7 條和附件二第 3 條的規定，存在不同的理解和認識。這些不同的認識集中在四個問題上：第一，"二〇〇七年以後"是否包含 2007 年；第二，"如需"修改是否必須修改；第三，由誰確定修改？由誰提出修改法案？第四，如不修改，是否繼續適用現行規定？

幾個問題：其一，有人提出，這不是釋法而是修法。根據我國《立法法》規定，法律有以下情況之一的，由人大常委會解釋：法律規定需要進一步明確具體含義的；出現新情況需要明確法律依據的。這次之所以需要釋法，是因為附件二中有兩處不夠清晰：A."如需修改"沒有主語，需進行解釋。此次把它解釋為，是否需要修改，由行政長官向全國人大常委會提出報告，由全國人大常委會確定是否需要修改。因為行政長官不僅是特區政府的首長，也是整個特別行政區的代表。B．"如需修改"要"備案"。這裏所說的"備案"與基本法第 17 條規定的本地立法的備案不同，附件二的"備案"是憲制層面的立法。這次把它解釋成，整個修改過程完成後，由全國人大常委會依法備案後才能生效。因此，此次釋法不是修改基本法，只是把條文中的具體含義解釋清楚而已。其二，為什麼附件一要"批准"，附件二要"備案"？因為特區行政長官要中央任命，如何選行政長官還是要由中央決定。特區的政治體制是基本法規定的，其決定權在中央。香港特區作為地方行政區域，無權自行改變。

3. 第三次釋法

2005 年 4 月 27 日，十屆全國人大常委會第十五次會議通過《關於〈香港基本法〉第五十三條第二款的解釋》。

此次釋法的背景：2005 年 3 月 10 日，行政長官董建華提出辭職。3 月 12 日，國務院批准了董建華的辭職請求。根據基本法第 53 條規定，須在原行政長官辭職六個月之內進行選舉，但對於新行政長官的任期存在爭論：有的認為，其任期應是新的一屆，任期為五年；有人認為，應是剩餘任期，即二年。因此，這次爭論也被稱為"二五之爭"。基本法第 53 條只規定了行政長官因故缺位如何產生新的行政長官；對於行政長官的任期，第 46 條只規定了正常情況下每任行政長官的任職期限以及連任的限制，但卻未規定新的行政長官的任期計算問題。特區政府認為，新行政長官的任期應為原任行政長官的剩餘任期。據此，特區政府認為需要修訂《行政長官選舉條例》，把新行政長官的任期明確下來。但是，此時有人在 2005 年 4 月 4 日已向法庭提出司法覆核申請。在這種情況下，特區政府面臨兩個問題：（1）要確保修訂草案的立法程序如期完成，必須要有對基本法有關條文的權威解釋，為本地立法提供基礎。（2）如啟動司法覆核，程序一經展開，何時能完成是個未知數，很可能導致無法在 7 月 10 日前選出新行政長官，這不僅影響特區政府的正常運作，甚至可能產生憲制危機。在這一問題上，有兩個剛性的法定時間：2005 年 7 月 10 日前，必須產生新行政長官；負責選出行政長官的選委會任期到 2005 年 7 月 13 日。另外，有兩個不穩定的法律程序：立法會審議《行政長官選舉條例》（修訂草案），由於意見不一，很難判斷要用時多久；如啟動司法覆核也會曠日持久。在這種情況下，只有人大釋法才能解決問題。

4. 第四次釋法

2011 年 8 月 26 日，十一屆全國人大常委會第二十二次會議通過《關於〈香港基本法〉第十三條第一款和第十九條的解釋》。

此次釋法的背景：香港特區終審法院在審理一起與剛果民主共和國有關的案件時，涉及香港特別行政區是否應適用中央人民政府決定採取的國家豁免規則或政策的問題。

幾個問題：第一，誰可以提請釋法？此次是香港終審法院提請釋法的，實踐中存在行政長官報告國務院、國務院提請全國人大常委會釋法的做法。此外，全國人大常委會是否可以主動釋法？第二，特區法院不提請釋法怎麼辦？第三，涉及“中央人民政府管理的事務及中央和香港特別行政區關係條款”如何界定？“自治範圍內的條款”可否列舉範圍？“國防、外交等國家行為”，這裏的“等”指什麼？第四，在訴訟進程中，全國人大常委會進行釋法是否干預特區法院的司法獨立？

5. 第五次釋法

2016 年 11 月 7 日，十二屆全國人大常委會第二十四次會議通過《關於〈香港基本法〉第一百零四條的解釋》。

此次釋法的背景：2016 年香港特區第六屆立法會選舉過程中，一些宣揚“港獨”的人報名參選，香港特區選舉主任依法決定其中六名公開宣揚“港獨”的人不能獲得有效提名。10 月 12 日，在新當選的立法會議員宣誓儀式上，個別候任議員在宣誓時擅自篡改誓詞或在誓詞中增加其他內容，蓄意宣揚"港獨"主張，侮辱國家和民族，被監誓人裁定宣誓無效。香港社會以至於立法會內部、立法會與特區政府之間，對上述宣誓的有效性、是否應該重新安排宣誓產生了意見分歧和爭議。

幾個問題：第一，宣誓的性質是什麼，是否具有法律約束力？違反誓言是否應承擔以及承擔怎樣的法律責任？第二，基本法第 104 條規定的宣誓要求，也是參選或出任該條所列公職的法定要求和條件，是否屬於擴大解釋？

總之，香港基本法生效以來，頻密出現涉及基本法的訴訟案件，基本法曾面對著嚴峻的司法挑戰，在有的時候還會涉及內地的法律制度，需要兩種制度的相互配合。全國人大常委會對基本法所作的幾次解釋就證明了這種配合的必要性，也體現了正確面對兩地法制互動關係對維護香港憲制和諧發展的重要意義。

為了使兩地法制通過磨合得以和諧發展，尋求一系列現實問題的解決辦法，我認為，兩地法律界人士應該加強相互交流、增進相互了解，創造更多的交流形式，開關更多的信息渠道。香港法律界人士有必要增加對內地法制和憲法精神與內容的了解，內地法律界人士則有必要增加對香港普通法的了解。正如有人所說，內地人應多講"兩制",香港人則不能忽視"一國"。只有強調兩個法域的相互尊重和協調,摒棄偏見,相互尊重對方法律的尊嚴和權威,提倡相互學習、借鑒和吸收對方的有益經驗,才能消除疑慮和誤解。

二、中央與特別行政區的關係

(一)中央與特別行政區關係的性質、特點及法律表現

1. 中央與特別行政區關係的性質、特點

特別行政區作為我國地方制度中獨特的組成部分,它既不同於一般的行政單位(如省、直轄市)和以少數民族聚居區為基礎所建立的民族自治地方(如自治區、自治州、自治縣),也有別於聯邦制下聯邦和其組成單位之間的關係。特別行政區是根據"一國兩制"的理論存在於統一國家內部的一級地方政權。中央與特別行政區關係的性質是中央與地方的關係。

中央與特別行政區關係的特點可概括為以下兩個主要方面:

(1)從自治的基礎看。民族自治地方是以聚居的少數民族為基礎建立的,目的是照顧少數民族的特點,並

保障其權益，而特別行政區則是考慮到這些地區政治、經濟、社會的歷史與現實，為實現國家統一而設立的。在自治的性質方面，民族自治地方要堅持社會主義制度，民族自治機關是實行人民民主專政的國家機關；而特別行政區則側重於地區自治和制度自治，資本主義制度可以不變。實行不同制度的地方是否可以與國家整體兼容、共處，這是統一國家、收回長期被其他國家佔領的領土和解決歷史遺留問題所遇到的首要問題。由於歷史和現實的原因，為解決這一問題，首先必須提供一個理論上可成立的根據，"一國兩制"就是解決這一問題的答案。"一國兩制"作為解決歷史遺留問題的一個首創，它成功地將國家統一、國家主權、不同社會制度和國家結構等國家理論中極為重要和相互對立的因素協調在一起，並通過具體的制度設計體現在特別行政區的存在之中，從而使特別行政區能夠順理成章地與其他地區共存於統一的單一國家內。

（2）從法律地位看。特別行政區法律地位的確認，是貫徹"一國兩制"方針和香港基本法的前提，也是正確處理中央與香港特別行政區關係的依據。從基本法的相關規定（第 1 條和第 12 條）看，特別行政區的法律地位主要體現為：

第一，特別行政區是中華人民共和國不可分離的一部分，是我國的一個地方行政區域。特別行政區直轄於中央人民政府，它與其他行政單位一樣，都同屬於中央統一領導下的地方行政區域，都是國家不可分割的部分，都不能成為一個獨立的政治實體，從而都不能脫離中央而獨立。

第二，特別行政區是實行高度自治的地方行政區域。所謂高度自治，是通過比較而言的。我國少數民族地區的民族自治地方，雖然也是法定的自治單位，行使法定的自治權，在這方面不同於普通的行政單位，但在基本制度方面，它與普通行政單位相同；而特別行政區享有的自治權不僅要比民族自治地方大得多，甚至比聯邦制下的成員單位的權力也要大。而從特別行政區權力的來源以及高度自治權的屬性來看，它們都是中央政府行使權力的結果。因此，特別行政區的存在並不改變我國作為單一制國家的性質。

中央與香港特別行政區關係的特點是一個涉及廣泛的問題。這一關係的特點並不局限於基本法第二章的規定，它還表現在基本法的解釋、基本法的修改、全國性法律的適用、特別行政區的對外事務、基本法委員會的設置、特別行政區的防務等諸多方面。

2. 中央與特別行政區關係的法律表現

中央與特別行政區的關係是基本法的重要內容之

一。這一關係不僅在基本法中由第二章專章規定，而且在其他各章均有涉及。

香港基本法是一部授權法。既然處理中央與香港特別行政區關係所遵循的理論基礎是"一國兩制"，那麼，中央與特別行政區關係的模式也就不是應用適用於內地的民主集中制原則的結果。下面，我們可以就基本法體現的中央與特別行政區關係的權限劃分作一個具體分析。

基本法詳細劃分了中央與香港特別行政區的職權。其中，中央機關行使的職權，概括地說主要有：領導權、監督權、任免權、授予權、決定權等。具體說，主要包括：（1）管理特別行政區的外交事務；（2）管理特別行政區的防務；（3）任命特別行政區的行政長官和主要官員；（4）決定行政長官彈劾案；（5）決定進入緊急狀態和發佈命令將有關全國性法律在特別行政區實施；（6）基本法的解釋和修改；（7）對適用於特別行政區的全國性法律作出增減；（8）對特別行政區的立法實施監督等。中央行使的職權是國家對香港恢復行使主權和"一國兩制"方針中體現國家主權原則的法律表現，也是香港特別行政區直轄於中央人民政府的體現。

基本法在劃分職權時，體現"兩制"的主要內容包括：（1）權力上的高度自治。具體指享有行政管理權、立法權、獨立的司法權和終審權。（2）人力上的高度自治。具體指行政機關和立法機關由當地人組成，即所謂"港人治港"。（3）物力上的高度自治。具體指中央政府不向特別行政區徵稅，特別行政區保持財政獨立，財政收入全部用於自身需要，不上繳中央人民政府等。此外，為了保障特別行政區的高度自治，基本法還特別規定中央人民政府派駐特別行政區負責防務的部隊以及中央政府所屬各部門、各省、自治區、直轄市不干預特別行政區自行管理的事務等。特別行政區所享有的這些高度自治權，就是"一國兩制"中的"兩制"方面和由其所決定的高度自治原則在法律中的具體體現。

應當指出的是，在中央與香港特別行政區的關係中，由於特別行政區直轄於中央人民政府，受中央政府領導，其自治當然也需要在中央的監督下進行。但中央政府對特別行政區的監督不同於對一般地區和民族自治地方的監督。例如，就法律監督而言，根據基本法第17條規定，特別行政區的立法機關可以在授權的範圍內行使立法權，由全國人大常委會對特別行政區立法機關所制定的法律進行審查。這種法律監督的特點，具體表現為：（1）在所審查的內容方面，主要看其是否符合基本法關於中央管理的事務以及中央與特別行政區關係的條款。（2）在審查方式上，全國人大常委會只將不符合基本法規定的法律發回特別行政區，全國人大常委會對發回的法律不作修改。（3）在審查的效力上，經全國人大常委會發回的法律立即失效，除特別行政區的法律另有規定外，失效的法律無溯及力。

綜上所述可見，基本法關於中央與香港特別行政區權限的劃分是具體的、明確的。這些權限的劃分又是香港特別行政區的法律地位及其與中央關係的具體化，體現了它們之間領導與被領導、監督與被監督、授權與被授權的關係。

（二）中央—特區關係與英國—香港關係的比較

對中央與香港特區關係的理解，可以與回歸前英國與香港的關係進行比較來把握。具體來說，這兩種關係有十六個方面的不同。

1. 根據基本法規定，香港特別行政區是中華人民共和國的一個享有高度自治權的地方行政區域。而根據《英皇制誥》，英國單方面視香港為"殖民地"。但如本書第一章提到 1972 年 3 月 8 日，根據聯合國大會的記錄，香港及澳門已被剔出殖民地之列。因此，只可以說香港是在 1842 年至 1997 年被英國統治，但主權仍歸中國。

2. 全國人大授權香港特別行政區依照基本法實行高度自治，享有行政管理權、立法權、獨立的司法權和終審權。而根據《英皇制誥》和《皇室訓令》，英國政府有絕對權力干預香港的事務，港督作為英女王的全權代表，對香港政務有最高權力。港督除根據《英皇制誥》、《皇室訓令》、樞密院敕令行使職權外，還須遵行皇室通過一名重要國務大臣時時傳達給他的指令。

3. 香港特別行政區行政長官在當地通過協商或選舉產生，報請中央人民政府任命，其產生過程是"由下而上"，中央人民政府不向特區委派官員。而香港總督由英國外交與聯邦事務部從其公務員中挑選合格人選，經首相同意後，呈女王任命。其產生過程是"由上而下"。此外，政治顧問由英外交部委派官員擔任，政治顧問辦事處是港府的重要組成部分。

4. 中央人民政府派駐香港特區負責防務的軍隊不干預特區的地方事務，駐軍費用由中央人民政府承擔。而駐港英軍總司令是行政局當然成員，駐港英軍軍費由香港負擔 65%。

5. 香港特別行政區的社會治安包括邊境治安由特區政府負責。而港英時期，香港的社會治安由香港皇家警察部隊負責維持，駐港英軍協助皇家警察部隊維持境內

6. 香港特別行政區各司司長及副司長、各局局長、審計署署長、警務處處長等官員，由行政長官提名，報請中央人民政府任命。而港英政府公務員 D4 級以上官員均由英國政府任免。

7. 香港特別行政區各司司長及副司長、各局局長、廉政專員、審計署署長、警務處處長等官員須由香港特別行政區永久性居民中的中國公民擔任。而港英政府公務員中，外籍人士佔 2%，其中 80% 以上是英國本土人士，他們佔據港英政府高級公務員職位的 80%。

8. 香港特別行政區行政會議的成員由行政長官任免。而港英政府行政局議員由港督委任，但須經英國政府批准。

9. 香港特別行政區立法機關由當地選舉產生，立法會主席通過互選產生。而港英政府立法局官守議員及委任議員由港督委任，還須獲英國外交與聯邦事務大臣的批准，港督是立法局當然主席，自 1985 年開始有約 43% 的民選議員，共 24 人。

10. 香港特別行政區享有立法權。立法機關制定的法律，須報全國人大常委會備案，備案不影響該法律的生效。全國人大常委會在徵詢其所屬的基本法委員會後，可將不符合基本法關於中央管理的事務及中央與特別行政區關係條款的法律發回，但不作修改。而根據《英皇制誥》和《皇室訓令》，港督會同立法局擁有立法權，對立法局通過的法律，港督應根據皇室或皇室通過一名重要國務大臣傳達的指令，決定批准、不批准或留待皇室批准。英女王擁有將任何立法駁回的絕對權力。英國有權為香港的和平、秩序和良好管理制定任何法律。

11. 全國性法律除列於基本法附件三者外，不在香港實施。將來雖然可以對附件三做出增減，但只能是有關國防、外交和其他按基本法規定不屬於特區高度自治範圍的法律，而且還需事先徵詢基本法委員會和特區政府的意見。只有在全國人大常委會宣佈戰爭狀態或香港特區發生特區不能控制的動亂而決定進入緊急狀態時，中央人民政府才能命令將有關全國性法律在特區實施。而英國可將英國本土的法律適用於香港，據 1988 年的資料，在香港實施的英國法律有 225 件。

12. 香港特別行政區享有終審權。而港英時期，香港的終審權屬於英國樞密院司法委員會，香港法庭受英國樞密院及上議院的決定約束。

13. 香港特別行政區法院的法官由行政長官任命，終審法院法官和高等法院首席法官的任免，由行政長官徵得立法會的同意，並報全國人大常委會備案，但無須由人大常委會批准。而港督委任首席按察司、上訴法庭按察司、原訟法庭按察司，須經英政府同意。最高法院按察司及地方法院法官在不能履行職務或行為不檢時，由港督負責免去其職位，但須向英國樞密院司法委員會請示。

14. 全國人大常委會下設香港特別行政區基本法委員會，該委員會的半數成員由香港人士出任，就基本法有關條款的實施問題進行研究，並提出意見。而在港英時期，並無類似做法。

15. 香港特別行政區有權對基本法提出修改提案，在修改提案列入全國人大議程前，先由香港基本法委員會進行研究並提出意見。而《英皇制誥》和《皇室訓令》的修改權屬於英國政府，香港無權建議修改。

16. 香港特別行政區永久性居民中的中國公民可參與國家事務的管理。而港英時期並無此做法。

三、香港民主的發展

基本法規定的香港民主發展的目標是什麼呢？基本法第 45 條、第 68 條規定的很明確，就是要最終達至行政長官、立法會議員由普選產生。但這不是一蹴而就的，而是需要循序漸進。香港民主制度的發展不是表現為在1997年之前大變、突變，而在1997年之後就不變。歷史的經驗和現實的情況都昭示我們，民主制度的發展是一項宏大的系統工程，與社會的諸多因素關聯在一起，互相制約又互為因果。因此發展民主"欲速則不達"，強撥時針、揠苗助長，必然適得其反。對於這一點，港英政府也予以承認。1988年2月，港英政府發表的《代議政制今後的發展》白皮書指出："不應勉強把政制改革的步伐加速，以致本港的管治出現不穩定和不明朗的情況"，"為了保持穩定，香港代議政制的發展應該是循序漸進的而不是突變的"。然而，英國在殖民統治香港的最後階段（過渡期內）急切地加速推進"政制改革"，大幅引入和擴大選舉，在很短時間內區議會和立法局議席均從全部委任驟變為大部分由選舉產生。這完全是別有用心、不懷好意。2021年12月國務院新聞辦公室發佈的《"一國兩制"下香港的民主發展》白皮書對此有較為深入的揭露。

香港回歸祖國之後，開啟了民主發展的新紀元，根據全國人大《關於香港特區第一屆政府和立法會產生辦法的決定》，香港特區第一屆立法會由60人組成，其中分區直選產生20人，選舉委員會選舉產生10人，功能團體選舉產生30人。根據基本法附件二的規定，第二屆立法會功能團體選舉的議員仍為 30 人，選舉委員會選舉的議員減少為 6 人，分區直選的議員增為 24 人。第三屆立法會時，作為過渡方式的選舉委員會選舉的議員已不復存在，功能團體選舉的議員仍不變，分區直選的議員增為 30 人。基本法規定的香港回歸後前十年的選舉安排得到全面落實，香港特別行政區民主得以成功實踐。此後，中央政府按照基本法的規定，為推動香港特別行政區民主向前發展作出三次重大努力，但由於反中亂港勢力極力阻撓，香港的民主發展多次遭遇挫折，中央政府審時度勢，果斷決策，採取了一系列重大舉措，標本兼治，撥亂反正，引領和推動香港局勢和民主發展重回正軌。《"一國兩制"下香港的民主發展》白皮書對以上香港民主發展歷程進行了很好的總結，具體內容可以參看。

給我印象最深刻的是，《"一國兩制"下香港的民主發展》白皮書最後提出要堅持走符合香港實際情況的民主發展道路。具體來說，關於如何探索這條道路，有七項原則：（1）堅持中央主導，依法循序漸進；（2）鞏固憲制秩序，維護國家安全；（3）落實行政主導，致力良政善治；（4）體現均衡參與，保持多元開放；（5）堅持法治原則，保障自由人權；（6）豐富民主形式，提升民主質量；（7）推動經濟發展，增進港人福祉。對此，我十分贊同。這"一條道路"、"七項原則",是從"一國兩制"在香港實踐、基本法在香港實施二十多年的歷程中總結出來的寶貴經驗,必須倍加珍惜。我覺得民主發展主要是要處理好四個問題:第一,要把握好民主的發展節奏。民主是一個發展過程,不可能一步到位,一口吃成一個胖子。第二,民主發展進程中要處理好各方利益關係。民主發展不能脫離實際,必須既反映香港居民根本利益、總體利益的需要,又反映香港社會各個方面的要求。第三,要處理好民主發展與社會穩定的關係。民主發展要有利於香港的穩定與繁榮,不能因為搞民主、搞選舉,弄得社會不穩定,更不能危害國家安全。第四,發展民主要促進經濟發展、改善民眾福祉。民主發展與香港的穩定和繁榮是密切相關、互相聯繫的。只有符合社會需要,社會才能穩定,經濟才會發展、繁榮。

四、財政收支的平衡問題

財政是國民收入再分配的主要形式,它直接影響香港特別行政區的社會安定和經濟繁榮。因此,基本法第106條明確肯定了香港特別行政區的財政獨立。所謂財政獨立,是指香港特別行政區的財政獨立於中央人民政府的財政：一是特區的財政收入全部用於自身需要，不上繳中央；二是特區的財政事務（包括支配財政資源、編制財政預算和決算）均由特區自行管理。在確保香港特別行政區在財政方面擁有高度自治權的前提下，基本法第 107 條規定了香港特別行政區財政的基本方針政策，其核心內容為：（1）財政預算以量入為出為原則；（2）財政總收入和財政總支出保持基本平衡，避免赤字。財政總收入和總支出在若干財政年度內保持基本平衡，實際上已是香港多年來在財政方面實行的基本方針政策。實踐證明，它是行之有效的，在創造香港的穩定、繁榮中起了良好作用。將這一成功的理財經驗上升為香港基本法的規定，就是為了繼續發揮這一財政基本方針政策的作用，以保持香港的長期穩定與繁榮。規定這一財政基本方針政策的目的也在於避免一些發達資本主義國家長期搞赤字財政，債台高築所引起經濟動蕩、貨幣貶值的現象。

草委勇龍桂提出，為什麼不贊成長期搞赤字財政呢？有以下幾點理由：（1）債台高築會引起震蕩。（2）因香港特區財政獨立，中央不會給特區財政補貼。（3）借外債，中央政府不會給予擔保。草委鄭正訓提出，港人反映了以下問題：可以接受"量入為出"，但不必寫入基本法，以免限制過度。

在財政上規定量入為出、保持基本平衡的基本方針政策，會不會影響香港特別行政區政府對新的經濟勢態的反應能力呢？不會。因為量入為出是指從總體上講財政預算的一個原則，而不是說每一個財政年度財政預算的編制要絕對如此；而基本平衡是指財政總收入和總支出的大體平衡，並非要求兩者的絕對平衡，並且是指任內若干財政年度內的大體平衡。在若干財政年度裏，完全可以根據每年不同的經濟情勢編制年度的基本平衡預算、盈餘預算或赤字預算。這裏原則性和靈活性有機地結合了起來，所以不會限制香港特別行政區對新的經濟態勢的靈敏反應能力。

五、基本法的修改

在起草過程中，關於基本法的修改問題，香港主要有以下幾種意見：第一，要求將基本法的修改權授予香港立法機關，中央僅保留對修改的批准權。第二，承認修改權屬於中央，由中央行使，但要求由香港掌握修改基本法的動議權，即只有香港才能向全國人大提出修改的動議。第三，承認基本法的修改權屬於中央，由中央行使，但要求中央在進行修改前，廣泛徵求香港各界的意見，包括設立一個基本法委員會，由它來提供諮詢意見。

　　我們當時有一個供討論的方案，其主要內容包括：

　　第一，基本法的修改權屬於中央。依照我國憲法規定，對法律有修改權的中央國家機關有兩個：全國人民代表大會和全國人大常委會。後者的修改權是有限度的，即不得同被修改的法律的基本原則相抵觸。考慮到香港人害怕輕易修改基本法的心態，可以將基本法修改權控制得嚴一些，規定只有全國人大可以對基本法進行修改。

　　對於這一條，大家發表了不同的意見。

　　邵天任：應加上全國人大常委會也可修改，這樣比較符合我國憲法規定。

　　魯平：為使港人放心，可只由全國人大修改。

　　許崇德：對基本法修改有提案權的主體，如果按《全國人民代表大會組織法》來規定太寬了，香港基本法修改的提案權主體可限制些，如只規定全國人大常委會、國務院、香港全國人大代表團……不論按內地程序還是按特殊程序修改基本法，都應作具體表述。

第二，《全國人民代表大會組織法》對誰有向全國人大提出議案的權利有明確規定。誰有修改基本法的提案權亦應照此辦理，不能同意只有香港才有修改基本法的提案權。

第三，為了使香港方面放心，可以考慮規定，全國人民代表大會在對基本法進行修改前，應廣泛徵求香港各界人士的意見，也可只考慮將修改提案交付香港基本法委員會研究並由其提出意見。

從全國人大通過的香港基本法正式文本來看，關於基本法修改條款的規定，綜合了內地、香港的有益意見，以下進行簡單解說。

基本法修改條款來源於我國憲法第 62 條第 3 項的規定。香港基本法既然是全國人大執行的法律，理應由全國人大修改。我國憲法第 67 條第 3 項規定，在全國人大閉會期間，全國人大常委會有權對全國人大制定的法律進行部分補充和修改，但所作補充和修改不得同該法律的基本原則相抵觸。從基本法規定的修改程序來看，應該認為全國人大常委會將不行使憲法第 67 條第 3 項規定的權力。

依照《全國人民代表大會組織法》，有權向全國人大提出議案的單位有：全國人大主席團、全國人大常委會、全國人大各專門委員會、國務院、中央軍委、最高人民法院、最高人民檢察院等。此外，各省（自治區、直轄市）的全國人民代表大會代表團、三十名以上全國人大代表也有權提出議案。而對基本法有權提出修改議案的單位減少到全國人大常委會、國務院和香港特別行政區三個單位，這是為了保持基本法的穩定性而採取的一項限制措施。

　　基本法對香港特別行政區行使修改提案權也作了嚴格的限制，即須經特區全國人大代表 2/3 多數、特區立法機關成員 2/3 多數和行政長官同意後，才可交由香港特別行政區全國人大代表團向全國人民代表大會提出修改的議案。有人提出香港特別行政區立法機關以 3/4 的多數通過決議，即可向全國人大提出修改議案，不需要特區全國人大代表和行政長官同意。考慮到在特區本身意見紛歧的情況下，全國人民代表大會將很難對修改議案作出決定，所以此項建議未被採納。

　　基本法不僅對內地修改提案主體進行了限制，對香港特區提出修改提案權作了限制，還對基本法的修改內容作了限制，即對基本法的任何修改，均不得與國家對香港既定的基本方針政策相抵觸。

　　基本法還規定，基本法的修改議案在列入全國人民代表大會的議程前，先由香港特別行政區基本法委員會研究並提出意見。此項規定可以使香港方面有機會對基本法的修改充分陳述自己的意見，可以集思廣益，使問題得到妥善處理。

六、《人權法案條例》問題

1990 年 3 月，在全國人大即將通過基本法前夕，港英政府向中方提交了一份《香港人權宣言條例草案》，說是要把《公民權利和政治權利國際公約》制定為一部法律，成為香港法律的一部分。

1990 年 7 月 3 日，在國務院港澳辦召開了一個會議，專門討論如何應對港英政府出台《人權法案條例》的問題。在會議上，各位專家進行了發言。

有人提出，關於港人權利問題，中英雙方已經解決，已載入《中英聯合聲明》和香港基本法，出台《人權法案條例》並無依據。《人權法案條例》涉及 64 個法例的修改，大面積修改法律也違反保持原有法律"基本不變"的原則。"人權宣言（法案）"在歷史上均是由國家制定的，如法國《人權宣言》、美國《權力法案》……港英當局的《人權法案條例》

英文本沒有"宣言"二字。

有人提出，關於港人權利，香港基本法規定得更充分，《人權法案條例》限制了基本法。《人權法案條例》規定其凌駕於香港法律之上，《中英聯合聲明》和香港基本法中無此規定。《中英聯合聲明》中講的"原有法律"指的是聯合聲明生效時的法律，大幅度修改原有法律會使香港治安受到損害。

經過討論之後，會議決定中方在給英方的說帖中主要講五個方面：

（1）基本法對港人權利規定得更充分。（2）《人權法案條例》中缺少《經濟、社會和文化權利公約》的內容，不符合基本法的宗旨。（3）《人權法案條例》關於凌駕性法律地位的規定與基本法相抵觸。（4）不與中方商量，就推出《人權法案條例》，不利於平穩過渡。（5）大幅度修改香港法律，對香港社會的影響太大。

就如何看待英方提出《人權法案條例》，中英聯絡小組亦分別在 1990 年 7 月 18 日及 1991 年 1 月 11 日召開法律專家小組會議。其中我方專家清楚指出，英方搞

《人權法案條例》的目的，主要不是法律問題，而是算政治賬，想給人以英國比中國更重視人權的印象。英方的基本目的是"民主抗共"、"人權抗共"。

1991 年 6 月 6 日，港英立法局通過了該法律。同日，中國外交部發表聲明，對英方執意制定一個對貫徹執行基本法產生不利影響的人權法案表示遺憾，並保留 1997 年之後對香港現行法律包括人權法案進行審查的權利。

1996 年，全國人大設立的香港特區籌委會法律小組對《香港人權法案條例》提出了如下處理辦法：將不符合《中英聯合聲明》、抵觸基本法的凌駕性條款不採用為香港特區的法律；《人權法案條例》中照搬人權公約的條文，繼續採用為香港特區法律，而不是廢除整個條例。對依據《人權法案條例》進行修改的原有法律，只對修改過的《社團條例》、《公安條例》宣佈不採用為香港特區法律，其他已修改的法律交由特區自行處理。

1997 年 2 月 23 日，八屆全國人大常委會第 24 次會議審議通過了《關於根據〈香港基本法〉第 160 條處理香港原有法律問題的決定》。該決定在附件二載明：

香港原有法律中下列條例及附屬立法的部分條款抵觸基本法，不採用為香港特別行政區法律：

……

7.《香港人權法案條例》（香港法例第 383 章）
第 2 條第（3）款有關該條例的解釋及應用目的的規
定，第 3 條有關 "對先前法例的影響" 和第 4 條有
關 "日後的法例的釋義" 的規定；

……

9. 1992 年 7 月 17 日以來對《社團條例》（香港
法例第 151 章）的重大修改；

10. 1995 年 7 月 27 日以來對《公安條例》（香
港法例第 245 章）的重大修改。

七、香港政治體制一些有待研究的問題

在基本法起草過程中，政制分歧較大的是兩方面的
問題：一是行政、立法的關係，二是行政長官、立法會
的產生辦法。

（一）行政與立法的關係

行政、立法 "既相互制衡，又相互配合"，這個原
則是正確的。至於如何制衡、如何配合，則有很多問題
需要研究。

1. 關於行政、立法互相制衡

這牽涉到二者的權力劃分，究竟哪個權力大些？有的主張立法主導，有的主張行政主導。我們反對立法主導，主張行政特別是行政長官的權力應大一些，以保證政府運作的效率和穩定；但也不能權力過大，需要一定的制衡和監督。在草委會第五次全體會議上，大多數草委對政制條文的主要原則和精神基本上是同意的，但也提出了不少修改意見。個別主張立法主導的草委抨擊條文沒有貫徹"互相制衡"原則，行政長官擁有絕對權力，不符合《中英聯合聲明》中關於行政向立法負責的規定精神，並且許多規定要經中央同意或報中央備案，會影響高度自治。值得注意的是，一些比較持平的香港草委、內地草委，也覺得行政長官權力過大。

（1）關於行政長官批准立法機關通過的法律問題。行政長官的批准權是制約立法的有效措施，但應以相對否決為宜，即如不批准可發回重議，若立法再以 2/3 多數通過，則必須簽署。

（2）關於行政長官解散立法會問題。問題在於解散的條件：必須對解散的條件進行必要的限制，這樣才能制約行政長官權力，防止其獨斷專行，也可留下調解緩衝的空間。

（3）關於立法機關對行政長官提出彈劾或不信任票問題。因彈劾案是以行政長官有嚴重違法或瀆職行為為前提，故程序上可不必過嚴。至於不信任票問題，則應反對，因這太像一個國家，而且如果允許政見不同就倒閣，不利於香港的穩定。在香港的政治實踐中，卻已經多次出現提 "不信任案" 的先例，如何加以應對值得研究。

（4）關於立法機關成員能否提出政策性法案問題。當時的考慮是，可參照西方國家議員只能提出私人議案的規定，作出適當限制。

（5）關於立法機關的監察權和調查權問題。當時作出相關規定，主要是針對香港的《立法局（權力和特權）條例》的有關規定而作的制約。《中英聯合聲明》簽署後，港英當局為配合推行代議政制改革，匆忙強制通過了上述條例。條例賦予立法局及其主席的權力可補充《英皇制誥》和《皇室訓令》所賦予權力之不足；立法局行使法定職權不受法院管轄；立法局有權成立特別委員會以查究政府部門的行政得失。據此，立法局實際上具有監察權和調查權，以及其他特權。這就使立法局擁有像西方國家議會同等的不受行政、司法干預的權力和特權，其中的調查權甚至還超過了西方國家的規定。比如立法局有權傳訊任何人出席作證和提供證據，只有立法局主席同意才可豁免。被傳訊人如不按時出席作證，主席可指示秘書發出拘捕令、押送其出席。

2. 關於行政、立法互相配合

二者關係除考慮如何制衡外，更重要的是二者的合作和配合。在資本主義國家，執政黨靠議會中的多數議席來支持政府的政策。港英主要通過三個方面來協調二者關係：（1）港督統一領導兩局，既主持行政局，又擔任立法局主席。（2）委任議員制度。長期以來，兩局議員除當然官守議員外，全部由港督委任；推行代議政制改革後，1985 年立法局才首次出現 24 名民選議員，但僅佔全部 56 名議員的 3/7。（3）兩局議員互相兼任制度。當時，我們就考慮到，在基本法中議員兼任制度不可能得到保留的情況下，如何使立法、行政機關既制衡又能溝通、配合，使行政長官在立法機關中有一部分支持力量，保證行政決策的順利進行，保持政局穩定，是一個需要認真思考的問題。當時的想法是：第一，規定行政會議的成員由行政長官從主要官員、立法會成員和社會人士中提名，報中央任命，這樣可部分解決行政、立法互相兼任的問題。第二，要想使一部分主要官員和支持行政長官的社會人士進入立法機關，可以通過大選舉團選舉部分議員，這種類別的候選人由行政長官提名

（或由選舉團中的提名團提名）。但這個問題到現在也不能說得到了很好的解決，如何加強行政、立法的配合值得繼續研究。

（二）行政長官和立法機關成員的產生

關於行政長官的產生，當時香港社會上所提方案大致有以下幾類：（1）協商；（2）普選；（3）立法機關選舉；（4）由具廣泛代表性人士組成的大選舉團選舉；（5）協商與選舉相結合。關於立法機關成員的產生，港人提出了幾十種方案。最終，第一屆香港特別行政區政府及立法會產生辦法是由全國人民代表大會決定，而第二屆行政長官及立法會產生辦法均以基本法附件一及附件二規定。但在基本法中也不宜規定過死，因為五十年內不能不變。歷史證明，我們這個看法是對的，即可以在保持基本法主體部分穩定、不修改基本法正文的前提下，通過修改基本法附件一、附件二的方式來發展香港政制。基本法附件一、附件二也規定，2007 年以後，根據需要，可以經過法定程序，對行政長官、立法會的產生辦法進行修改。為防止反中亂港分子進入特區管治架構，2021 年 3 月，全國人大及其常委會就是通過修訂基本法附件一、附件二的方式，落實了"愛國者治港"的原則要求。

第七章

區旗、區徽問題

　　《中英聯合聲明》附件一《中華人民共和國政府對香港的基本方針政策的具體說明》中載明："香港特別行政區除懸掛中華人民共和國國旗和國徽外，還可使用區旗和區徽。" 香港基本法將對區旗、區徽的式樣作出具體的規定，因此，設計和確定香港特別行政區的區旗和區徽圖案，成為香港基本法起草工作的一項重要內容。

一、"香港盾徽" 的寓意

　　之所以先回顧一下 "香港盾徽" 的歷史淵源和圖形設計的含義，是為了對照地看一下香港區旗區徽徵集過程中收到的一些圖案設計，其中有一些就受到了 "香港盾徽" 的影響，下面的兩個區徽設計圖案就比較典型。對於反映殖民統治元素的區徽設計圖案當然不能被接受，畢竟區徽圖案設計要反映中國對香港恢復行使主權，反映在香港特區實行 "一國兩制"。

徵集過程中收到的兩個區徽設計圖案

　　香港盾徽（Coat of Arms of Hong Kong），又稱香港
紋章（Colony Armorial Bearings），為香港在英國統治時
期的地方徽號。香港盾徽的最下方是一座綠色小島，圍
上象徵海水的波紋，代表英國最初佔領的香港島。小島
上方畫有一條橫置而呈暗黃色的布條，上面以紅色寫上
"香港" 的英文 HONG KONG。盾徽的正中部分，是一
塊盾牌，該盾牌是整個盾徽的主體。盾牌的上部以紅色
為底色，繪有一枚海軍皇冠，寓意皇家海軍和英國商船
隊對香港的開埠所起的重要影響。盾牌的下部以白色為
底色，最下端畫有象徵海水的波紋，而海面上的左、右
方各繪有一艘中國帆船，反映香港早期十分注重海上貿
易。盾牌的上、下部由一條象徵城垛的凹凸線條隔開，

港英時期的 "香港盾徽"（彩圖詳見書後彩頁）

城垛本身則紀念 1941 年對抗日本侵略的香港攻防戰。
盾牌的左方和右方，分別繪有一隻頭戴皇冠的獅子、一
條東方的龍，獅子代表英國人，龍則代表華人。盾牌的
上方繪有一隻頭戴皇冠、手持珍珠、面向盾徽左方的獅
子，而那顆珍珠寓意香港為 "東方之珠"。盾牌的上方
獅子之所以面向盾徽左方，實指右方的 "龍" 把 "東方
之珠" 獻予左方的 "獅子"。

二、區旗、區徽的徵集和評選過程

在草委會第二次全體會議討論《基本法結構（草
案）》討論稿時，有的委員提出，應在區旗、區徽一章
增加 "香港特別行政區的印璽" 一節。有的委員認為，

按照內地目前的做法，地方政府的印璽應由國務院授予，這個問題是否列入基本法可以研究。還有的委員提出，香港要不要有"區歌"？這些建議均未被採納。

1986 年 4 月 22 日，草委會第二次全體會議通過了《中華人民共和國香港特別行政區基本法起草委員會關於設立專題小組的決定》，共設立了五個小組，其中香港特別行政區的教育、科學、技術、文化、體育和宗教專題小組同時負責"區旗、區徽問題"。該專題小組在基本法草委會第三次會議上提交了《關於中華人民共和國香港特別行政區區旗、區徽圖案的徵集和審定辦法（草案）》，但未獲通過。基本法起草委員會第三次全體會議要求對《關於中華人民共和國香港特別行政區區旗、區徽圖案的徵集和審定辦法（草案）》進一步充實和完善。該專題小組根據基本法起草委員會第三次全體會議上各位委員特別是香港委員所提的意見，由錢偉長委員對《草案》作了修改、補充，並重新草擬了《中華人民共和國香港特別行政區基本法起草委員會關於徵集和評選香港特別行政區區旗區徽的啟事（草稿）》。

1987 年 4 月 17 日，草委會第四次全體會議通過了《關於中華人民共和國香港特別行政區區旗、區徽圖案的徵集和審定辦法》，根據該辦法，徵集評選的具體步驟為：

1. 在內地和香港刊登《中華人民共和國香港特別行政區基本法起草委員會關於徵集和評選香港特別行政區區旗區徽的啟事》，廣泛徵集區旗、區徽圖案。全國人民，包括港澳同胞、台灣同胞、海外僑胞，以及香港其他居民均可應徵投稿。徵稿截止日期為 1988 年 3 月 31 日。全部來稿圖案的版權歸國家所有。

2. 要求區旗、區徽圖案等充分體現香港特別行政區的地位、特點和"一國兩制"的精神，形式莊嚴美觀。

3. 由草委會委員五名、專家六名（內地、香港專家各三名），組成"中華人民共和國香港特別行政區區旗、區徽圖案評選委員會"，負責評選工作。評選委員會於 1988 年第二季度從應徵圖案中評選出區旗、區徽圖案各 26 件，作為初選圖案，並在香港和全國各地公佈，廣泛徵求意見；再於 1988 年第四季度從初選圖案中評選出區旗、區徽圖案各 6 件，作為複選圖案，提交草委會。評選委員會可對提交草委會的複選圖案提出修改意見。

4. 草委會全體會議從評選委員會提交的區旗、區徽複選圖案各 6 件中，採用無記名投票的方式選出區旗、區徽圖案各 1 件，作為正式報批圖案（草案），於 1988 年底連同基本法（草案）一起報全國人大常委會。

5. 中華人民共和國香港特別行政區的區旗、區徽最後經全國人大正式確定。

1987 年 5 月 20 日，《中華人民共和國香港特別行政區基本法起草委員會關於徵集和評選香港特別行政區區旗區徽的啟事》在內地和香港同時公佈，徵集評選工作正式開始。

根據《關於中華人民共和國香港特別行政區區旗、區徽圖案的徵集和審定辦法》，草委會組織了區旗區徽評委會，由十一名專家和高層人士組成。這十一人分別是：評委會主任、草委錢偉長，評委會主任、草委馬臨，草委雷潔瓊，草委霍英東，草委毛鈞年，中央美術學院院長吳作人，中國美術館館長劉開渠，中華全國體育總會副主席榮高棠，基本法諮詢委員文樓，何弢建築所所長何弢，香港正形設計學校校長韓秉華。

1987 年 8 月 21 日，區旗區徽評選委員會在北京召開第一次會議。會議討論並通過了工作日程安排：區旗區徽圖案將在中國美術館非公開陳列，只供評委參觀及評選；評出的初選圖案，將會對外展覽和在報刊刊登，徵詢公眾意見。會議還討論了區旗區徽圖案的評選辦法，其中提出了"在 1990 年基本法通過以前，諮詢委員、起草委員、全國人大常委會委員、全國人大代表，如對圖案提出修改意見，評選委員會將請示基本法起草委員會對圖案進行修改"。當時誰也沒想到，參賽的區旗區徽圖案真的沒辦法由草委會以半數票通過選出最終設計方案，最後是由香港的三位專家評委負責修改的。

1987 年 12 月 11 日，區旗區徽評選委員會在廣州召開第二次會議。會議決定 1988 年初在中國美術館初選時評選出區旗區徽圖案各 26 件。評出的圖案分別印刷成彩色畫頁，在 6 月至 8 月期間先後在北京和香港展出，徵詢公眾意見，作出評選參考。在第三次會議上評委會將選出 6 件複選圖案作為二等獎，並初定於 1989 年 12 月份交由草委會全體會議選出區旗區徽圖案的一等獎各 1 件，作為正式件報批全國人大常委會。另外，評委會還初步討論了獎勵問題，大家均認為，對獲選圖案作者的獎勵，應是一種崇高的榮譽，評委會提出頒予由全國人大常委會委員長署名的獎狀。獲一等獎及二等獎均頒予足金獎章，榮譽獎則頒純銀獎章，獲得一等獎者屆時可獲邀成為香港特別行政區成立典禮嘉賓。

1988 年 4 月 21 日至 23 日，區旗區徽評選委員會在北京召開第三次會議。在評選前，錢偉長主任向評委會報告了區旗區徽圖案徵集情況。他指出，"從 1987 年 5 月 20 日《啟事》發表開始，至 1988 年 3 月 31 日止，共收到圖案稿件 7147 件（內地收稿 3449 件，香港收稿 3698 件），其中區旗圖案 4489 件，區徽圖案 2658 件。這次徵集活動，投稿範圍廣泛，投稿者包括內地各界人士、港澳同胞、台灣同胞和香港其他居民，美國、加拿大、新加坡等十二個國家的僑胞也投來稿件。"評選當日，評委會在仔細審閱所有圖案的基礎上，從中挑選出旗、徽圖案 316 件，然後按照《中華人民共和國香港特別行政區區旗區徽圖案評選委員會關於區旗區徽的評選辦法》，採用密碼編號和不記名投票方式，在 316 件圖案中分別對旗、徽圖案進行初選。當日評選區旗區徽時，

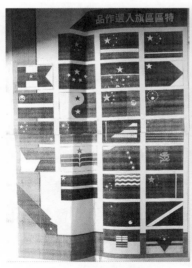

26 件入選的區旗圖案　　　　　　26 件入選的區徽圖案

第一輪選出 22 件（得三票以上者），第二輪從得二票的 20 件中再選出 4 件，這樣就產生了 26 件初選圖案。初選圖案產生後，分別在香港和北京進行了公開展覽。

1988 年 11 月 25 日至 27 日，區旗區徽評選委員會在廣州召開第四次會議。評委會對區旗區徽各 26 件初選圖案進行了認真評審，複選出各 6 件圖案，提交將於 1989 年 1 月召開的草委會第八次全體會議。評委會一致認為，複選出的 6 件區旗區徽圖案，每件都有可取和不足之處，並非十全十美。如榮高棠認為，在這次參賽的作品中很難完全滿意挑出一面旗或一個徽號來代表香港。評委會一致認為，如果本次選出的圖案未能獲得草委會 2/3 以上的有效票通過，則建議由草委會決議繼續委託評委會組織專家在參賽作品的基礎上作出修改。

1989 年 3 月 6 日，區旗區徽評委會主任錢偉長、馬臨與部分評委會委員毛鈞年、文樓、何弢、韓秉華在香港會面，錢偉長報告了草委會第八次全體會議對區旗區徽的評選結果，獲二等獎的十二件區旗區徽無一件獲得出席會議委員半數以上通過。鑒於評選結果無一件中選，草委會主任委員會議決定將此交由評委會再做研究。韓秉華提出，在眾多的參賽圖案中，有不少是採用代表中國主權的五星、紅星或五角星，亦有不少引用香港市花洋紫荊作為元素構成。在參賽作品中不乏紫荊花概念，其中不少是使用當時的市政局標誌為藍本，有些在紫荊造型上太複雜，美感不足。建議主體視覺造型上運用洋紫荊加上代表中國的五星或星形，紫荊圖案要不同於當時市政局的洋紫荊圖形，可把五瓣紫荊圖案設計成螺旋弧形藏於圓內，形成富有動態的紫荊圖案。這個設計方向得到了評委會的肯定。於是，由評委中的文樓、何弢、韓秉華三位香港專家先行執筆修改多件區旗區徽圖案初稿，交評委會討論研究。之後，評委會主任馬臨兩次召集香港評委就修改的具體問題進行了研究。

1989 年 12 月 14 日至 16 日，區旗區徽評選委員會在廣州召開第五次會議。這次會議的第一議題就是把經香港評委專家集思廣益的三幅旗徽修改初稿帶到廣州，在評委會上給內地委員參考研究。1990 年 2 月 13 日，區旗區徽評選委員會向草委會作了工作報告。2 月 14 日，草委會第九次全體會議通過《中華人民共和國香港特別行政區基本法起草委員會關於區旗區徽圖案（草案）的評選辦法》，草委會採用不記名投票方式，以簡單多數票的通過方法進行票選，50 名代表中有 34 名代表對圖為紅底上印有五瓣白色紫荊花，每個紫荊花瓣上又各綴有一顆紅五星的區旗設計（該方案由何弢執筆）投了贊成票，其他兩個設計圖案沒有被採納。該區旗區徽圖案正式呈報全國人大最後審定，在 1990 年 4 月召開的七屆全國人大三次會議上，同香港基本法一起獲得正式通過。

香港基本法第 10 條對香港特別行政區區旗區徽作了形象的概述："香港特別行政區除懸掛中華人民共和國國旗和國徽外，還可使用香港特別行政區區旗和區徽。香港特別行政區的區旗是五星花蕊的紫荊花紅旗。香港特別行政區的區徽，中間是五星花蕊的紫荊花，周圍寫有'中華人民共和國香港特別行政區'和英文'香港'。"區旗呈紅色，配有五顆紅星的動態紫荊花代表了香港在祖國的懷抱中生機勃勃、興旺發達，會更繁榮、更美好的景象；花蕊上的五角星體現了香港是祖國不可分割的一部分；花呈白色表示有別於其他部分，體現了我國對香港實行的"一國兩制"政策。區徽呈圓形，其設計與

香港特別行政區區旗、區徽圖案（彩圖詳見書後彩頁）

區旗相似；富有動態之白紫荊花襯以紅底，象徵“一國兩制”；花外寫有“中華人民共和國香港特別行政區”和英文“香港”字樣，莊重、大方。

　　根據香港特別行政區區旗、區徽圖案評選活動的獎勵辦法：（1）草委會全體會議評選出的各1件正式報批的區旗、區徽圖案（草案）為一等獎。鑒於該圖案是評委會集思廣益，共同研究，由何弢最終執筆完成的設計成果，故不授予個人一等獎；（2）複選的區旗、區徽各6幅圖案應徵投稿人獲優秀獎，獎品為金獎牌；（3）初選的區旗、區徽各26幅圖案共40名應徵投稿人獲榮譽獎，獎品為銀獎牌；（4）評委會初選時有評委會推薦的圖案共130名應徵投稿人獲紀念獎，獎品為銅獎牌和獎狀。1990年5月12日，在北京人民大會堂舉行了頒獎儀式。姬鵬飛、王漢斌、胡繩、雷潔瓊、錢偉長、馬臨等為十二名獲獎者頒發了獎章和證書。區旗圖案獲獎者：李海雄（香港）、宣小英（上海）、靳柏權（廣東）、羅建峰（廣東）、HUI TIM WING（香港）、TAG KAM KEE ANOY（香港）。區徽圖案獲獎者：黃運銳（香港）、尹炳德（安徽）、楊德明（香港）、沈大為（江蘇）、蕭紅（河南）、蘇鎮煥（廣東）。至此，為時三年的香港特別行政區區旗、區徽徵集評選工作最終圓滿結束。

三、區旗、區徽的國家標準

為了規範區旗、區徽生產製作的技術要求和統一標準，國務院港澳辦於 1996 年 6 月提出，由國家技術監督局組織制定區旗、區徽國家標準。國家技術監督局將此工作作為一項特殊任務加以安排，制定標準程序時採用快速方法。首先，即時批准標準立項；隨後，成立了由國務院港澳辦、全國人大常委會辦公廳秘書局、國務院辦公廳秘書一局、國務院法制局、中國科學院及國家技術監督局等有關單位的領導和專家參加的"香港特別行政區區旗區徽標準工作領導小組"，並且依託全國顏色標準技術委員會，成立了兩個標準的起草工作組。起草工作從 1996 年 6 月開始，按照收集技術資料、草擬草案、徵求意見和生產驗證、標準審定、批准發佈等階段進行。標準草案在內地廣泛徵求了意見，並且徵求了有關專家的意見，還經國務院港澳辦通過香港回歸慶典活動籌委會向香港地區有關方面徵求了意見，使標準更具科學性和適用性。這兩項國家標準主要規定了區旗、區徽生產製作、檢驗所需的技術要求和檢驗方法。香港區旗國家標準中規定了區旗的八種規格和尺寸允許誤差、使用面料、顏色值及允許誤差等內容。在標準附錄中附加了區旗圖案說明和區旗製作說明。香港區徽國家標準中規定了區徽的三種規格及尺寸允許誤差、徽面紅色度及色差等內容。兩項國家標準的一個重要特點是，區旗、區徽的顏色（白色除外）、規格系列和材質與國旗和國徽完全相同，目的在於使區旗、區徽與國旗國徽並列懸掛使用時達到完全一致的視覺效果。

隨著回歸日期的臨近，為了維護香港特別行政區區旗、區徽的尊嚴，正確使用區旗、區徽，1996 年 8 月 10 日，全國人大香港特別行政區籌備委員會第四次全體會議通過了《中華人民共和國香港特別行政區區旗、區徽使用暫行辦法》。

1997 年 2 月 19 日，國務院港澳辦和國家技術監督局在北京召開了香港特別行政區區旗、區徽國家標準新聞發佈會。根據香港基本法和《中華人民共和國香港特別行政區區旗、區徽使用暫行辦法》，由國家技術監督局組織制定的兩項國家標準，即《香港特別行政區區旗》（GB16689-1996）和《香港特別行政區區徽》（GB16690-1996）於 1997 年 7 月 1 日起實施。這兩項標準的頒佈和實施，對規範區旗、區徽的生產製作、監督檢驗和使用將起到技術保證作用。

《香港特別行政區基本法》簡介

1984 年 12 月 19 日，中英兩國政府正式簽署了關於香港問題的聯合聲明，宣佈中國將於 1997 年 7 月 1 日對香港恢復行使主權。《中英聯合聲明》中載入的中國政府對香港的方針政策規定：中國在對香港恢復行使主權時，根據中華人民共和國憲法第 31 條的規定，設立特別行政區，在特別行政區實行的一系列特殊政策，將由全國人大以香港特別行政區基本法規定。

從《中英聯合聲明》正式簽署之日起，香港進入了過渡期。在過渡期中，制定一部體現 "一個國家，兩種制度" 方針的基本法，是一項必須完成的重要工作。

1985 年 4 月 10 日，六屆全國人大第三次會議決定成立香港特別行政區基本法起草委員會，負責基本法的起草工作。草委會由 59 人組成，包括內地委員 36 人，香港委員 23 人。

自 1985 年 7 月 1 日正式成立草委會起，基本法起草工作歷時四年零八個月。草委會在制定了工作規劃，確定了基本法結構之後，決定設立五個由內地委員、香港委員共同組成的專題小組，即中央和香港特別行政區關係專題小組，香港居民的基本權利和義務專題小組，政治體制專題小組，經濟專題小組，教育、科學、技術、文化、體育和宗教專題小組，負責具體起草工作。在各專題小組完成條文的初稿之後，成立了總體工作小組，從總體上對條文進行調整和修改。1988 年 4 月，草委會第七次全體會議公佈了《基本法（草案）徵求意見稿》，用五個月的時間在香港和內地各省、自治區、直轄市及有關部門廣泛徵求意見，並在此基礎上對草案徵求意見稿作了修改。1989 年 1 月，草委會第八次全體會議採取無記名投票方式，對準備提交全國人大常委會的基本法草案以及附件和有關文件逐條逐件進行了表決，除草案個別條文（第 19 條）外，其餘均以全體委員 2/3 多數獲得通過。同年 2 月，七屆全國人大常委會第六次會議決定公佈《基本法（草案）》包括附件及有關文件，經過在香港和內地八個月的諮詢期，草委會各專題小組在研究了各方面的意見後，對草案作出了必要的修改。在 1990 年 2 月舉行的草委會第九次全體會議上，全部文件均以全體委員 2/3 以上多數獲得通過。與此同時，草委會第九次全體會議還通過了提交全國人大審議的香港特別行政區區旗、區徽圖案（草案）。

基本法起草工作完成後，1990 年 4 月 4 日由七屆全國人大三次會議審議通過，自 1997 年 7 月 1 日起實施。

基本法包括序言，第一章總則，第二章中央和香港特別行政區的關係，第三章居民的基本權利和義務，第四章政治體制，第五章經濟，第六章教育、科學、文化、體育、宗教、勞工和社會服務，第七章對外事務，第八章本法的解釋和修改，第九章附則，共 160 個條文。此外還有三個附件，即：附件一《香港特別行政區行政長官的產生辦法》，附件二《香港特別行政區立法會的產生辦法和表決程序》，附件三《在香港特別行政區實施的全國性法律》。[1]

序言

序言包含的內容有：第一，香港問題的由來和解決的歷史背景。序言本著反映歷史事實和向前看的精神，指出香港自古以來就是中國的領土，1840 年鴉片戰爭以

1　注：2021 年 3 月 30 日，十三屆全國人大常委會第二十七次會議通過香港基本法附件一、附件二修訂案。本附錄介紹的是 1990 年 4 月 4 日七屆全國人大三次會議通過時的附件一、附件二。

後被英國佔領。1984 年，中英兩國政府簽署了關於香港問題的聯合聲明，確認中華人民共和國政府於 1997 年 7 月 1 日恢復對香港行使主權，從而實現了長期以來中國人民收回香港的共同願望。第二，國家對香港基本政策的制定。序言指明，國家制定解決香港問題政策的出發點是，維護國家的統一和領土完整，保持香港的繁榮和穩定，並考慮到香港的歷史和現實情況；解決香港問題的方針是實行"一個國家，兩種制度"，不在香港實行社會主義的制度和政策；國家在對香港恢復行使主權時，根據憲法第 31 條的規定，設立香港特別行政區。第三，制定基本法的法律依據和目的。序言指明，憲法是制定基本法的法律依據；制定基本法的目的是規定香港特別行政區實行的制度，以保障國家對香港的基本方針政策的實施。

第一章　總則

本章從政治、經濟、法律等方面，對香港特別行政區的政策和制度的基本原則作了規定，主要內容有：

（一）**實行高度自治。**基本法在確認香港特別行政區是中華人民共和國不可分離的部分（第 1 條）的同時，規定全國人大授權香港特別行政區依照本法的規定實行高度自治，包括享有行政管理權、立法權、獨立的司法權和終審權（第 2 條）。從本章及有關章節的規定看，香港特別行政區享有十分廣泛的高度自治權，其中一些權力（如司法終審權、貨幣發行權、出入境管理權以及制定刑法、民法等法律文件等）是國內自治地方，以至國外聯邦成員單位所不具有的權力。

（二）**由香港當地人治理香港**。基本法規定，香港特別行政區的行政機關和立法機關由香港特區永久性居民依照本法有關規定組成（第 3 條）。根據這一規定，國家在對香港恢復行使主權後，將由對香港社會具有深入了解和豐富管理經驗的香港當地永久性居民管理，中央人民政府不向香港派遣幹部擔任特區政府中的職務。

（三）**保持原有的資本主義制度和生活方式，五十年不變**。基本法規定，香港特別行政區不實行社會主義制度和政策，保持原有的資本主義制度和生活方式，五十年不變（第 5 條）。這一規定充分體現了“一國兩制”的方針，是從照顧香港的歷史和現狀出發的，它有利於維持香港的繁榮和穩定。為了保持香港的資本主義制度，基本法明確規定，香港特別行政區依法保護私有財產權（第 6 條）。

（四）**基本保留原有法律**。基本法規定，香港原有法律，即普通法、衡平法、條例、附屬立法和習慣法，除同本法相抵觸或經香港特別行政區的立法機關作出修改者外，予以保留（第 8 條）。按照這一規定，香港原有的法律並不是全部保留。一般而言，除體現英國殖民統治、有損我國主權的法律以及同基本法相抵觸而經香港特別行政區的立法機關作出修改者外，均可予以保留。

（五）**政權機關使用的語文**。香港作為一個國際商業城市，長期以來英文已廣泛通行，因此，保留英文為官方語文是必要的。基本法規定，香港特別行政區的行政機關、立法機關和司法機關，除使用中文外，還可使用英文，英文也是正式語文（第 9 條）。從條文規定看，中英兩種語文雖同為正式語文，但有主次之分；本條規定的語文使用，僅限於香港特區的政權機關，至於各行各業、社會團體和居民如何使用語文，可以自行決定。

（六）**憲法與基本法的關係**。我國憲法作為一個整體適用於香港特別行政區，但由於國家對香港實行"一國兩制"的方針，憲法中的某些規定不適用於香港。為了解決憲法與基本法的關係，基本法規定，根據中華人民共和國憲法第 31 條，香港特別行政區的制度和政策，包括社會、經濟制度，有關保障居民的基本權利和自由的制度，行政管理、立法和司法方面的制度，以及有關政策，均以本法的規定為依據（第 11 條第 1 款）。

第二章　中央和香港特別行政區的關係

本章明確了香港特別行政區在國家行政體系中的地位，具體劃分了中央和香港特別行政區各自的職權範圍。主要內容有：

（一）**香港特別行政區的法律地位**。明確香港特別行政區的法律地位是確定中央和香港特別行政區關係以及劃分二者權限的基礎。基本法規定，香港特別行政區是中華人民共和國的一個享有高度自治權的地方行政區域，直轄於中央人民政府（第 12 條）。香港特別行政區作為一級地方行政區域，它同各省、自治區、直轄市屬於同一等級，與一般地方行政區域一樣，都是中華人民共和國不可分離的部分，都受中央人民政府的管轄。但特別行政區又有自己的特點，即它不實行社會主義的制度和政策，並享有高度自治權。香港特別行政區的這一法律地位表明，中央與香港特別行政區的權限劃分以及中央人民政府對香港特別行政區的管轄辦法與一般行政區域有所不同，但香港特別行政區絕不是一個獨立的政治實體，中央與香港特別行政區的關係也不是聯邦和成員單位的關係。香港特別行政區的成立並不改變我國單一制的國家結構形式。

（二）**確定了中央人民政府對香港特別行政區行使的權力**。保證國家對香港的主權，維護國家的統一和領土完整，是體現"一國兩制"方針的重要方面。基本法在本章中規定的中央在香港特別行政區行使的權力有：負責管理與香港特區有關的外交事務（第13條第1款），負責管理香港特別行政區的防務（第14條第1款），任命香港特別行政區行政長官和行政機關的主要官員（第15條），對香港特區立法機關制定的法律是否符合基本法有關規定實行監督（第17條第3款），決定香港特別行政區進入緊急狀態（第18條第4款）。本章的上述規定表明，中央人民政府只負責管理外交、國防以及基本法規定由中央處理的其他涉及國家主權和國家整體利益的事務，屬於香港特別行政區的地方性事務則由它自行處理，中央不加干預。

（三）**確定了香港特別行政區行使的權力**。依照"一國兩制"的方針，基本法相應規定了香港特別行政區所行使的高度自治權，包括：1. 享有行政管理權。基本法規定，香港特別行政區依照本法規定自行處理香港的行政事務（第 16 條），香港特別行政區政府負責維持香港的社會治安（第 14 條第 2 款）。香港特別行政區自行處理的行政事務，是指其地方性的行政事務，不包括外交、防務等由中央人民政府負責管理的事務。2. 享有立法權。根據基本法第 17 條的規定，凡屬於香港特別行政區自治範圍內的事務，它的立法機關均可立法。香港特別行政區立法機關根據基本法規定依照法定程序制定的法律，須報全國人大常委會備案。備案不同於批准，所以備案不影響法律的生效。鑒於香港只是地方行政區域，中央對基本法有一定的監督權是必要的。按照本條規定，此項監督權的內容包括：（1）只對是否符合基本法關於中央管理的事務及中央和香港特別行政區的關係的條款進行監督；（2）對不符合基本法上述條款的法律發回，但不作修改；（3）全國人大常委會在作出決定前要徵詢其所屬的香港特別行政區基本法委員會的意見。

3. 享有獨立的司法權和終審權。獨立的司法權是指香港特別行政區法院獨立進行審判，不受任何干涉。終審權是指訴訟案件以香港特別行政區終審法院為最高審級，它的判決為最終判決。這就改變了香港的終審案件由英國樞密院司法委員會予以裁決的狀況。而為了貫徹"一國兩制"的方針，1997 年以後，內地的最高人民法院也不負責香港特別行政區終審案件的審理。為了保證香港特別行政區法院充分行使審判權，基本法規定，除繼續保持香港原有法律制度和原則對法院審判權所作的限制外，對香港特別行政區所有的案件均有審判權（第 19 條第 2 款）。依照普通法的慣例，法院不能受理控告"國家行為"的案件，基本法沿用這一慣例，規定香港特區法院對國防、外交等國家行為無管轄權。在審理案件中遇到涉及國防、外交等國家行為的事實問題，應取得行政長官就該等問題發出的證明文件，上述文件對法院有約束力。行政長官在發出證明文件前，須取得中央人民政府的證明書（第 19 條第 3 款）。4. 自行處理有關對外事務的權利。基本法規定，中央人民政府授權香港特別行政區依照本法自行處理有關的對外事務（第 13 條第 3 款）。"有關的對外事務"是指基本法第五、六章規定的有關事務和第七章規定的對外事務。根據這些規定，香港特別行政區在經濟、貿易、金融、航運、通訊、旅遊、文化、體育等領域，享有廣泛的對外活動權力。5. 中央有關國家機關授予的其他權力。如前所述，香港特別行政區享有的權力已在基本法中作了明確規定，但考慮到今後出現新情況時，需要取得新的授權，因此基本法又規定，香港特別行政區享有全國人大和全國人大常委會及中央人民政府授予的其他權力（第 20 條）。為了保證香港特別行政區的高度自治，基本法還規定，中央人民政府派駐香港特別行政區負責防務的軍隊不干預香港特別行政區的地方事務（第 14 條第 3 款）；中央人民政府所屬各部門、各省、自治區、直轄市均不得干預香港特別行政區根據本法自行管理的事務（第 22 條第 1 款）；駐軍人員，中央各部門、各省、自治區、直轄市在香港特別行政區設立的一切機構及其人員，均須遵守香港特別行政區的法律（第 14 條第 4 款、第 22 條第 3 款）。

（四）**全國性法律的適用**。基本法規定，在香港特別行政區實行的法律為本法以及本法第 8 條規定的香港原有法律和香港特別行政區立法機關制定的法律（第 10 條第 1 款）。按照這一規定，香港特區將保持其原有的法律制度。但香港作為中華人民共和國的一部分，極少數全國性法律又有必要在香港實施。因此，基本法附件三具體列明了在香港特別行政區實行的全國性法律。這些法律均限於國防、外交以及為體現國家統一和領土完整所必需，並不屬於香港特別行政區的自治範圍。基本法第 18 條明確規定，全國性法律除列於本法附件三外，不在香港特別行政區實施。對列於附件三的法律作出增減，也要經過本法規定的程序。

（五）**香港特區居民中的中國公民依法參與國家事務
的管理**。根據基本法第 21 條的規定，不論是香港永久性
居民還是非永久性居民中的中國公民，都有權參加國家
事務的管理。他們可以選舉和被選舉為全國人大代表，
參加最高國家權力機關的工作，討論和決定國家的大政
方針；也可以參加國家機關的工作，管理國家事務。內
地派往香港工作的人雖然是中國公民，但不是香港特別
行政區的居民，所以不能參加香港特別行政區全國人大
代表的選舉，或被選舉為香港特別行政區全國人大代表。

（六）**香港特區應自行立法禁止破壞國家統一和顛
覆中央人民政府等行為**。香港特別行政區作為中華人民
共和國的組成部分，負有維護國家統一和領土完整的責
任。世界各國都不允許任何破壞國家統一和顛覆合法政
府的行為。在香港現行的《刑事罪行條例》和《社團條
例》中，也有此類規定。由於實行＂一國兩制＂，這方面
的全國性法律將不適用於香港特別行政區，因此基本法
規定，香港特別行政區應自行立法禁止任何叛國、分裂
國家、煽動叛亂、顛覆中央人民政府及竊取國家機密的
行為，禁止外國的政治性組織或團體在香港特區進行政
治活動，禁止香港特區的政治性組織或團體與外國的政

治性組織或團體建立聯繫（第 23 條）。

應當指出，在基本法中涉及中央和香港特別行政區關係的條文並不限於本法第二章的規定，其他有關內容則散見於各章條文之中。這主要是從基本法的整體結構和邏輯關係來考慮的。

第三章　居民的基本權利和義務

本章對香港特別行政區居民作了界定，詳列了香港居民所享有的各項自由和權利。主要內容有：

（一）明確了香港居民和其他人的劃分。香港作為一個國際性城市，由於歷史原因，現時居住者的情況可分為：香港居民，包括永久性居民和非永久性居民；香港居民以外的其他人。其中香港居民中除中國公民外，還有一部分非中國籍人士。由於居住者的情況不同，基本法在規定他們的權利義務時，有必要首先確定他們的法律地位。根據基本法第 24 條的規定，香港特區居民包括永久性居民、非永久性居民。永久性居民是指：1. 在香港特區成立以前或以後在香港出生的中國公民；2. 在香港特區成立以前或以後在香港通常居住連續七年以上的中國公民；3. 前面兩項所列舉居民在香港以外所生的中國籍子女；4. 在香港特區成立以前或以後持有效旅行證件進入香港、在香港通常居住連續七年以上並以香港為永久居住地的非中國籍的人；5. 在香港特區成立以前或以後，前項所列居民在香港所生的未滿 21 週歲的子女；6. 前面五項所列舉居民以外在香港特區成立以前只在香港有居留權的人。非永久性居民是指：有資格依照香港特區法律取得香港居民身份證，但沒有居留權的人。永久性居民和非永久性居民的區別在於是否有資格享有居留權。所謂居留權，是指享有這種權利的人，有權自由出入香港，有不受任何入境條件限制而在香港居留並免受遞解離境和遣送離境的權利。香港居民以外的其他人是指外交人員、內地派駐人員、旅遊者、過境者等。其他人和非永久性居民的區別在於：後者有資格領取居民身份證，而前者則沒有。這一區別關係到基本法規定的有關社會福利方面的權利，非永久性居民可享有，其他人不能享有。

　　（二）列明了香港居民和其他人的權利和自由。基本法從香港的實際情況出發，在本章和其他有關條款中規定香港居民享有十分廣泛的權利和自由。本章規定的權利自由包括：1. 平等權。根據基本法第 25 條規定，香港居民在法律的適用和遵守上一律平等。香港居民的合法權益一律平等地受到保護，對違法的行為一律依法予以追究。在法律面前不允許任何人享有法律規定以外的特權。2. 政治方面的權利和自由。如香港特區永久性居民依法享有選舉權和被選舉權（第 26 條）；香港居民享有言論、新聞、出版的自由，結社、集會、遊行、示威的自由，組織和參加工會、罷工的權利和自由（第 27 條）。3. 人身方面的權利和自由。如香港居民的人身自由不受侵犯（第 28 條）；住宅和其他房屋不受侵犯（第 29 條）；通訊自由和通訊秘密受法律保護（第 30 條）；有在香港特區境內遷徙的自由，有移居其他國家和地區的自由，有旅行和出入境的自由（第 31 條）。4. 信仰自由。包括香港居民有宗教信仰的自由，有公開傳教和舉行、參加宗教活動的自由（第 32 條）。5. 社會經濟方面的權利和自由。如香港居民有選擇職業的自由（第 33 條）；有依法享受社會福利的權利，勞工的福利待遇和退休保障受法律保護（第 36 條）。6. 文化方面的自由。香港居民有進行學術研究、文學藝術創作和其他文化活動的自由（第 34 條）。7. 法律補救方面的權利。香港居民有權得到秘密法律諮詢、向法院提起訴訟、選擇律師及時保護自己的合法權益或在法庭上為其代理和獲得司法補救。有權對行政部門和行政人員的行為向法院提起訴訟（第35條）。8. 其他方面的權利和自由。如香港居民的婚姻自由和自願生育的權利受法律保護（第37條）。香港居民除享有基本法所列上述權利和自由外，還可享有香港特區法律保障的其他權利和自由。此外，基本法還規定：“新界”原居民的合法傳統權益受香港特區的保護；在香港特區境內的香港居民以外的其他人，也依法享有本章規定的香港居民的權利和自由。

（三）有關權利和自由的國際公約適用於香港特區。基本法規定，《公民權利和政治權利國際公約》、《經濟、社會與文化權利的國際公約》和國際勞工公約適用於香港的有關規定繼續有效，通過香港特區的法律予以實施（第39條第1款）。這一規定是根據香港適用有關權利和自由的國際公約的實際情況和《中英聯合聲明》附件一的有關規定作出的。基本法有關居民權利和自由的規定，實際上已概括了上述國際公約的基本內容。它只是再確認了有關國際公約同香港特區法律的原則關係，使香港居民根據上述國際公約已享有的權利和自由，在1997年7月1日以後得以繼續受到基本法的保障。

基本法除設專章規定香港居民的權利和自由外，還在其他有關章節中作了一些規定。這些規定廣泛和全面地保障了香港居民的權利和自由。

關於香港居民和其他人的基本義務，基本法只規定他們有遵守香港特區實行的法律的義務（第42條）。可見，基本法有關香港居民和其他人的基本權利和義務的規定，在權利主體與基本權利和義務的內容方面，與我國憲法關於公民基本權利和義務的規定有所不同。

第四章　政治體制

設計香港特區政治體制所遵循的原則是：要符合"一國兩制"的方針，從香港的法律地位和實際情況出發，以保障香港的穩定繁榮為目的。為此，必須兼顧社會各階層的利益，有利於資本主義經濟的發展；既保持原政治體制中行之有效的部分，又要循序漸進地逐步發展適合香港情況的民主制度。根據這一原則，本章規定了香港特別行政區的行政、立法以及司法機關的組成、職權和相互關係，規定了行政長官、主要官員、行政會議、立法會成員、各級法院法官和其他司法人員以及公務人員的資格、職權及有關政策，還規定了香港特區可設立非政權性區域組織等等。同時還在本章和附件一、附件二中對行政長官和立法會的產生作了規定。主要內容有：

（一）行政長官、行政機關、立法機關的法律地位。

港英時期，政府的首腦是總督。根據英國在香港實施的憲法性法律《英皇制誥》和《皇室訓令》的規定，港督是英女王在香港的代表，總攬行政、立法大權，具有指導香港政務的最高權力。立法局只是港督立法的諮詢機構。港督除會同行政局進行決策外，還有權任免立法局議員，擔任立法局的當然主席。立法局通過的法例，須港督同意才能有效，而且英女王對立法局通過的法例也有絕對的否決權。香港特別行政區行政長官、行政機關、立法機關的法律地位與此不同。基本法規定，行政長官在當地通過選舉或協商產生，由中央人民政府任命。他是香港特區的首長，代表香港特別行政區，並對中央人民政府和香港特區負責（第 43 條）。行政長官又作為行政機關（特區政府）的首長，領導香港特區政府（第 59、60 條）。作為政府的首長，他不再行使立法權，並要對立法機關（立法會）負責。立法會是香港特區的立法機關（第 66 條），它除行使制定、修改和廢除法律的權力外，還擁有一系列重要權力，如根據政府的提案，審核、通過財政預算；批准稅收和公共開支；對政府的工作提出質詢；同意終審法院法官和高等法院首席法官的任免；行政長官如有嚴重違法或瀆職行為而不辭職，可按法定程序提出彈劾案等。立法會的性質和地位，表明它完全不同於立法局。立法會不再是立法的諮詢機構，而是具有廣泛職權的、典型意義上的立法機關。

（二）**行政與立法的關係**。基本法確定的行政機關與立法機關之間的關係是既互相制衡又互相配合。為了保持香港的穩定和行政效率，行政長官應有實權，但同時也要受到制約。這種關係主要體現為：1. 行政長官簽署立法會通過的法案、財政預算案，公佈法律；行政長官如認為立法會通過的法案不符合香港特區的整體利益，可將法案發回立法會重議，而如行政長官拒絕簽署立法會再次通過的法案，或立法會拒絕通過政府提出的預算案或其他重要法案，經協調仍不能取得一致意見，行政長官可解散立法會。2. 政府必須遵守法律，向立法會負責，即執行立法會制定並已生效的法律，定期向立法會作施政報告，答覆有關質詢，徵稅和公共開支需經立法批准；行政長官在作出重要決策、向立法會提交法案、制定附屬法規和解散立法會前，必須徵詢行政會議的意見。3. 如立法會以不少於全體議員 2/3 多數再次通過被行政長官發回的法案，行政長官必須在一個月內簽署公佈，除非行政長官解散立法會；如被解散後重選的立法會仍以 2/3 多數通過有爭議的原法案或繼續拒絕通過政府提出的財政預算案或其他重要法案，行政長官必須辭職；如行政長官有嚴重違法或瀆職行為而不辭職，立法會可按法定程序提出彈劾案，報請中央人民政府決定。

（三）**行政長官的產生辦法**。基本法規定，行政長官在當地通過選舉或協商產生，由中央人民政府任命。行政長官的產生辦法根據香港特區的實際情況和循序漸進的原則而規定，最終達至由一個有廣泛代表性的提名委員會按民主程序提名後普選產生的目標（第45條第1、2款）。據此，附件一對行政長官的產生辦法作了具體規定，在1997年至2007年的十年內由有廣泛代表性的選舉委員會間接選舉產生，此後如要改變選舉辦法，由立法會全體議員2/3多數通過，行政長官同意，並報全國人大常委會批准。行政長官的產生辦法比較具體，由附件規定可使基本法條文繁簡大體一致，並便於在必要時作出修改。至於第一任行政長官的產生辦法，根據《全國人大關於香港特別行政區第一屆政府和立法會產生辦法的決定》，將由香港永久性居民組成的推選委員會在當地以協商方式或協商後提名選舉、推薦第一任行政長官人選，報中央人民政府任命。

（四）**立法會的產生辦法**。基本法規定，立法會由選舉產生。立法會的產生辦法根據香港特區的實際情況和循序漸進的原則而規定，最終達至全部議員由普選產生的目標（第 68 條第 1、2 款）。按照附件二關於立法會產生辦法的規定和《全國人大關於香港特別行政區第一屆政府和立法會產生辦法的決定》，1997 年 7 月 1 日以後，前三屆立法會將採用混合選舉的方式產生，即由分區直選、功能團體選舉和選舉委員會選舉各產生一定名額的議員。根據規定，在特區成立的頭十年內，將逐屆增加分區直選的議員，減少選舉委員會選舉的議員。實際上選舉委員會的選舉，作為一種過渡方式只存在於前兩屆。至第三屆時，功能團體選舉和分區直選的議員將各佔一半。至於第三屆（即 2007 年）以後，立法會的產生辦法如需修改，須經立法會全體議員 2/3 多數通過，行政長官同意，並報全國人大常委會備案。上述規定表明，香港未來民主進程的發展是穩步前進的。另外，原香港最後一屆立法局的組成如符合《全國人大關於香港特別行政區第一屆政府和立法會產生辦法的決定》和基本法的有關規定，其議員擁護基本法、願意效忠中華人民共和國香港特別行政區，並符合基本法規定條件者，經香港特區籌委會確認後可成為香港特區第一屆立法會議員。這一規定，將有利於保證香港在過渡期的穩定和政權的平穩銜接。

（五）**立法會對法案和議案的表決程序**。基本法附件二規定，立法會對政府提出的法案和議員個人提出的法案、議案採取不同的表決程序。政府提出的法案獲出席會議的議員過半數票即為通過；議員個人提出的法案、議案和對政府法案的修正案均須分別經功能團體選舉產生的議員和分區直選、選委會選舉產生的議員兩部分出席會議議員各過半數通過。這一規定，有利於兼顧各階層的利益，同時又不至於使政府的法案陷入無休止的爭論，從而使政府施政保持高效率。此種表決程序在 2007 年以後如需修改，須經立法會全體議員 2/3 多數通過，行政長官同意，並報全國人大常委會備案。

（六）**對某些高級職位的國籍限制**。為了體現國家主權，實現香港當地人管理香港的原則，基本法有關條文規定，行政長官、行政會議成員、立法會主席、政府主要官員、終審法院和高等法院首席法官以及香港基本法委員會的香港委員，必須是在外國無居留權的香港特區永久性居民中的中國公民擔任。基於同樣的考慮，基本法第 67 條對立法會的組成也作了上述的規限，但照顧到香港居民國籍多元化的特點，基本法對立法會的組成作了原則性的規定後，接著又對此作了靈活處理，即允許永久性居民中的外籍人士和在外國有居留權的人士可以

有限度地當選為立法會議員，其所佔比例不得超過立法
會全體議員的 20%。

第五章　經濟

　　經濟是香港特區發展的基礎。為了保障自由的市
場經濟機制在香港得以正常運行，保持香港的穩定與繁
榮，使經濟的發展有一個長遠的良好環境，本章從財
政、金融、貿易、工商業、土地契約、航運、民用航空
等方面，就香港特區的經濟制度和政策作了規定。在金
融貨幣方面，規定香港特區不實行外匯管制政策，繼續
開放外匯、黃金、證券、期貨等市場；保障金融企業和
金融市場的經營自由；保障資金的流動和進出自由；確
定港元為特區法定貨幣，港幣發行權屬於特區政府，港
幣可自由兌換等等。在財政稅收方面，規定香港特區保
持財政獨立，其財政收入全部用於自身需要，不上繳中
央人民政府；財政預算以量入為出為原則，力求收支平
衡，避免赤字，並與本地生產總值的增長率相適應；特
別行政區實行獨立的稅收制度，參照原在香港實行的低
稅政策，自行立法規定稅種、稅率、稅收寬免和其他稅
務事項。在貿易方面，規定香港特區保持自由港地位，

實行自由貿易政策，保障貨物、無形財產和資本的流動自由，除法律另有規定外，不徵收關稅；特別行政區為單獨的關稅地區，可以"中國香港"的名義參加 WTO 等有關國際組織和國際貿易協定；香港特別行政區所取得的各類出口配額、關稅優惠和達成的其他類似安排，全由香港特區享有。此外，本章還就主要行業、土地契約、航運、民用航空等方面的政策作了規定。

第六章　教育、科學、文化、體育、宗教、勞工和社會服務

本章就保持或發展香港現行的有關制度和政策作了規定。主要內容有：

（一）**關於教育制度**。香港的教育事業一部分由政府興辦，一部分由社會團體和私人興辦。學校制度和教學語言等也不相同。基本法規定，香港特區政府在原有教育制度的基礎上，自行制定有關教育的發展和改進的政策；各類院校均可保留其自主性並享有學術自由；宗教組織所辦的學校可繼續提供宗教教育，包括開設宗教課程；學生享有選擇院校和在香港特區以外求學的自由。

（二）**發展中西醫藥和促進醫療衛生服務**。從香港的

實際條件和社會需要出發，基本法承認香港中醫、中藥的合法性。醫療衛生服務是一項社會性很強的工作，基本法強調社會團體和私人可依法提供各種醫療衛生服務。

（三）**保障宗教團體的權益**。宗教在香港歷史悠久，教徒眾多，基本法除保障宗教信仰自由外，還規定香港特區政府不干預宗教組織的內部事務，不限制與香港特區法律沒有抵觸的宗教活動。宗教組織在財產方面的原有權益仍予保持和保護。

（四）**關於專業資格和職業資格**。香港現行的專業制度比較複雜，各專業資格的審定辦法各異。基本法規定，保留特別行政區成立前已取得的專業資格和執業資格；保留原已承認的專業和專業團體，並可承認新的專業和專業團體；所承認的專業團體可自行審核和頒授專業資格。同時規定，香港特區政府在保留原有的專業制度的基礎上，可自行制定有關評審各種專業的執業資格的辦法。

（五）**關於勞工**。勞工是香港居民中的絕大多數，基本法中凡符合全體香港居民利益的規定都同時反映了勞工的利益。此外，基本法第三章中的一些條款更明確代表了勞工的要求。如第 27 條規定，香港居民有組織和參加公會、罷工的權利和自由；第 36 條規定，勞工的福利待遇和退休保障受法律保護等。由於勞工中各個界別的要求不盡相同，而且勞工權益涉及經濟條件，基本法對勞工權益難以一一列明。根據第 147 條的規定，香港特區可根據經濟發展、社會需要和勞資協商的實際情況自行制定有關勞工的法律和政策。

第七章　對外事務

本章主要列明香港特區可以自行處理的各項對外事務。基本法規定，香港特區政府的代表，可作為中華人民共和國政府代表團的成員，參加由中央人民政府進行的同香港特區直接有關的外交談判；香港特區可在經濟、貿易、金融、航運、通訊、旅遊、文化、體育等領域以“中國香港”的名義，單獨地同世界各國、各地區及有關國際組織保持和發展關係，簽訂和履行有關協議，可以“中國香港”的名義參加不以國家為單位參加的國際組織和國際會議；對世界各國或各地區的人入境、逗留和離境，香港特區政府可實行出入境管制；中央人民政府協助或授權香港特區政府與各國或各地區締結互免簽證協議；香港特區可根據需要在外國設立官方或半官方的經濟和貿易機構，報中央人民政府備案等。

第八章　本法的解釋和修改

（一）**關於基本法的解釋**。基本法第 158 條就本法的解釋所作規定的要點是：1. 本法的解釋權屬於全國人大常委會。依照我國憲法規定，解釋法律是全國人大常委會的職權，基本法是由全國人大制定的一項全國性法律，其解釋權理應屬於全國人大常委會。根據解釋法律的有關規定，全國人大常委會解釋法律只限於明確法律條文本身的含義的界限，不涉及具體案件如何處理，因此此種解釋不會損害香港特別行政區的司法獨立。2. 考慮到香港的原有制度，全國人大常委會授權香港特區法院在審理案件時對本法關於香港特區自治範圍內的條款自行解釋；同時又規定，對本法的其他條款也可解釋，但其規限是，若對本法關於中央人民政府管理的事務或中央和香港特別行政區關係的條款進行解釋，而該條款的解釋又影響到案件的判決，在對案件作出不可上訴的終局判決之前，應由香港特區終審法院提請全國人大常委會對有關條款作出解釋。如果全國人大常委會作出解釋，應以此解釋為準。但在此之前作出的判決不受影響。全國人大常委會在對本法進行解釋前，需徵詢香港特別行政區基本法委員會的意見。

（二）**關於基本法的修改**。本法作為國家的一項基本法律，根據憲法規定，其修改權屬於全國人大。基本法第 159 條就此作了相應規定。除憲法外，基本法是香港特區的最高法律，保持它較大的穩定性是香港各界人士的迫切願望。為此，基本法對它的修改程序作了不同於內地法律的嚴格規定：1. 有修改提案權的單位只限於全國人大常委會、國務院和香港特區；2. 香港特區的修改議案，須經香港特區的全國人大代表 2/3 多數、香港立法會全體議員 2/3 多數和行政長官同意後，才能交由香港特區出席全國人大的代表團向全國人大提出；3. 修改議案在列入全國人大的議程前，先由香港基本法委員會研究並提出意見；4. 本法的任何修改均不得同國家對香港既定的基本方針政策相抵觸。

第九章　附則

本章在第 160 條中規定的內容有：（一）確定香港原有法律的效力。基本法第 8 條規定，香港原有法律除同本法相抵觸或經香港特區的立法機關作出修改者外，予以保留。本條予以進一步確定，並規定了全國人大常委會對香港原有法律的審查事宜。1997 年 2 月，全國人大常委會審議了香港特區籌委會關於處理香港原有法律問題的建議，作出《關於根據〈香港基本法〉第 160 條處理香港原有法律的決定》。為防止對香港原有法律的審查出現遺漏，基本法還規定，在香港特區成立後，如發現有的法律與本法抵觸，仍可依照法定程序修改或停止生效。（二）在香港原有法律下有效的文件、證件、契約和權利義務，在不抵觸本法的前提下繼續有效，受香港特區的承認和保護。

基本法是一部富有獨創性的法律，它為 "一國兩制" 的實行提供了可靠的法律保證，正如鄧小平所指出的，它是 "一部具有歷史意義和國際意義的法律著作。說它具有歷史意義，不只是過去、現在，而且包括將來；說國際意義，不只對第三世界，而且對全人類都具有長遠意義。"

經過了 25 年的實踐，國家主席習近平在 2022 年 7 月 1 日的重要講話中，肯定了 "一國兩制" 是好制度，應該長期堅持，亦多次提到在香港特別行政區，無論行政長官、官員及市民都要遵守基本法，維護基本法的權威，堅持依法落實 "一國兩制"，而基本法就是這部因 "一國兩制" 而誕生的全國性法律，與國家憲法一起構成香港特別行政區的憲制基礎。

廉希聖教授簡介

廉希聖，1932 年出生，中國政法大學憲法學教授，博士生導師，享受國務院政府特殊津貼。參與我國八二憲法的起草和兩次憲法修訂工作，以法律專家身份參加香港基本法和澳門基本法的起草和制定工作，擔任香港基本法起草委員會秘書處成員。香港基本法實施後，多次為香港特區政府律政司提供有關香港基本法和內地法律的法律意見。曾任中國憲法學會副會長、北京市憲法學會會長。2023 年 7 月 1 日，被聘任為中國政法大學港澳台法研究中心專家委員會榮譽主任。

廉希聖教授照片

廉教授保存的基本法起草時的報紙

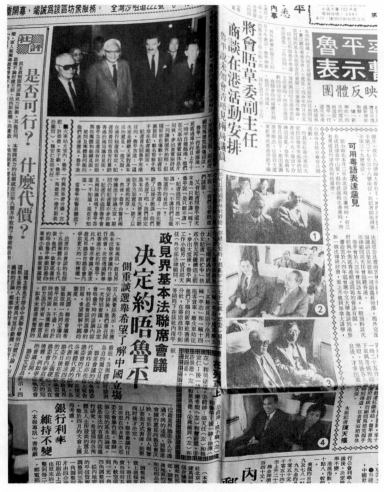

廉教授保存的基本法起草時的報紙

廉教授手稿

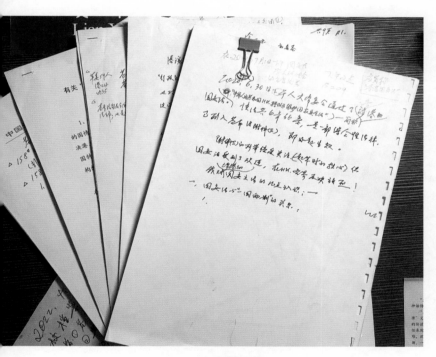

廉教授手稿

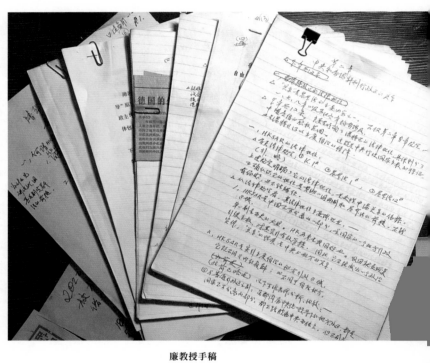

廉教授手稿

廉教授手稿

港英時期的"香港盾徽"

香港特別行政區區旗、區徽圖案

梁美芬教授與廉老交情甚篤

91 歲的廉老親手為梁美芬教授做了一個手包

梁教授到北京拜訪廉老

2015 年 4 月 11 日基本法 25 週年法律研討會廉老與梁教授

2015 年 4 月 11 日基本法 25 週年法律研討會廉老與梁教授

2018 年 5 月 31 日梁教授帶領香港基本法教育協會訪問北京